用心浇灌 收获幸福

颜景军 著

山东城市出版传媒集团·济南出版社

图书在版编目(CIP)数据

用心浇灌,收获幸福/颜景军著.--济南:济南出版社,2021.10

ISBN 978-7-5488-4841-7

Ⅰ.①用… Ⅱ.①颜… Ⅲ.①小学-班主任工作-研究 Ⅳ.①G625.1

中国版本图书馆 CIP 数据核字(2021)第 205034 号

<u>用心浇灌 收获幸福   颜景军 著</u>

责任编辑 宋 涛 张慧敏

出版发行	济南出版社
地　　址	山东省济南市二环南路 1 号(250002)
编辑热线	0531-82772895
发行热线	0531-86131728
印　　刷	济南新先锋彩印有限公司
版　　次	2021 年 10 月第 1 版
印　　次	2021 年 10 月第 1 次印刷
成品尺寸	170 mm × 240 mm　16 开
印　　张	13
字　　数	210 千字
印　　数	1—4000 册
定　　价	76.00 元

(济南版图书,如有印装错误,请与出版社联系调换。联系电话:0531-86131736)

序

这是一本人民教师的教育教学体会之作,也是新时代第一线教师的创新之作。

颜景军老师出身于教育世家,她深受挚爱教育事业的父亲的影响,自幼便有"当一名光荣的人民教师"的梦想。怀揣这个恬美的梦,她努力求学,踏实前行。自1991年步入教师岗位以来,她耕耘于孔子故乡的这片沃土上,在做好教学工作的同时,长时间担任班主任,班级管理工作取得了丰硕成果,所带班级每年都被评为精神文明班级,学生成绩总是名列前茅。三尺讲台兢兢业业,平凡岗位默默耕耘,她从一名普通的小学教师,成长为孔孟之乡的"杏坛名师""优秀班主任""教学能手"。

"班主任与学生的距离最近,当老师最大的幸福就是跟学生在一起。"这是景军担任班主任工作最大的体会。学校多次将比较难管理的、非常富有挑战性的班级交给她,景军老师虽然感到压力巨大,但她勇挑重担,把压力变成动力。她因材施教、分层教学,耐心与学生交流学习心得。她坚持每学期对全体学生进行多次家访,尤其是防疫期间,她利用网络对学生宣传疫情防控知识,引导孩子读有意义的书,促进学生对疫情防控知识的掌握,杜绝了学生对网络的迷恋。她的付出得到家长的广泛认可和大力配合,班级纪律明显好转,学习成绩大幅度提升。

作为教师的景军,她始终把学生当成自己的孩子,心中总是溢满真挚的爱。她尊重学生的人格,尊重学生的认知规律和成长规律,她从注重表演的传授者变为共同构建学习的参与者、引导者,创建平等、和谐的师生关系。课堂上她耐心指导、深入研究、大胆改革、善于创新,积极运用先进的教育教学理念,培养学生自由表达、自主探究的能力,形成了风趣、创新的教学风格。她充分调动每一位学生的积极性,与学生建立朋友式的关系,及时了解学生的思想动态,传递对学生真诚的赞扬与期望,与学生进行心灵对话,真正让学生享有更多成长发展的可能。

颜景军老师用自己的实际行动印证了对教育事业的痴心,她一直致力于提高课堂教学效率、优化作业设计、减轻学生过重负担,在提升学生学习能力的同时,为学生的美好未来奠定基础。尤其是颜老师讲到的教育教学故事，像现在由于计划生育政策的改变，二胎、三胎家庭增多，这是教育面临的新课题，颜老师时刻关注每一个孩子，了解学生的思想动向，对孩子耐心陪伴，倾心安抚，耐心引导。在学校，景军老师经常鼓励、表扬孩子，让他们逐渐增强了自信心。她还特别注重及时与学生家长交流，引导家长树立正确的家庭观、教育观。

教师是一种职业，更是一种人生理想。颜景军清楚地知道，"一个人可以走得更快，但一群人一定走得更远"。多年来，景军始终坚持学习，不断总结教育教学经验，三尺讲台育桃李，初心无悔映杏坛。她用爱与责任践行教书育人的使命担当，在平凡岗位上绘就奋斗的底色。

教师是"太阳底下最光辉的事业"。"十年树木，百年树人。"在这孔子出生的故里，两千多年前的孔子就给教师做出了光辉的榜样。孔子的教育方针是"志于道，据于德，依于仁，游于艺"，即把德育放在首位，培养德才兼备的人才。在今天新时代里，人们对中华传统文化应创造性转化、创新性发展，即在汲取前人有益经验的基础上赋予新时代的新内容。今天深圳、北京已做出教师轮换制的决定，这一空前的改革，对"重点学校""尖子班"等现象进行了有效的整改。在重大改革的前提下，还要基层教育工作者不断进行具体的改革。景军的这本书，是她多年来教育实践及做班主任工作的经验、体会，对人们很有启发。相信新时代的广大教育工作者也会与作者一样，在教育改革上取得更多的成果。

曲阜师范大学 骆承烈

2021年8月于孔子故里

（骆承烈：曲阜师范大学教授，国际儒学联合会顾问委员会委员，中国孔子文化传播促进会副会长）

目 录

第一章 爱心教育

爱心润泽学生成长 ………………………………………………… 2
班主任工作要用"心" ……………………………………………… 8
好的教育应是春风化雨 …………………………………………… 12
宽容是金 …………………………………………………………… 15
鼓励孩子战胜自我 ………………………………………………… 19
关爱"考试作弊"的孩子 ………………………………………… 22
对孩子要多一分耐心 ……………………………………………… 25
找准切入点 转化后进生 ………………………………………… 28
用心沟通 用爱原谅 ……………………………………………… 34
教育即爱 …………………………………………………………… 37

第二章 班级管理

班主任要做班级的领头雁 ………………………………………… 40
为孩子做好入学准备 ……………………………………………… 45
低年级班级管理之我见 …………………………………………… 50
班级管理小技巧 …………………………………………………… 54

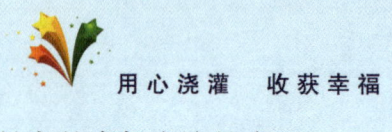

教育的责任应该是唤醒 …………………………………… 61
有效安排课间十分钟 ……………………………………… 65
重视对学生进行劳动教育 ………………………………… 67
劳动教育主题案例 ………………………………………… 70
教育学生应和"完美"说再见 ……………………………… 75
教育要学会静等花开 ……………………………………… 77

第三章　文明·理想

浅谈如何加强文明礼貌教育 ……………………………… 79
文明教育主题案例 ………………………………………… 86
如何处理同学之间的矛盾 ………………………………… 93
在学生心田种下关爱他人的种子 ………………………… 97
培养学生崇高的理想 ……………………………………… 100
为孩子插上想象的翅膀 …………………………………… 103

第四章　教育教学小故事

自信源于鼓励 ……………………………………………… 105
抓住特点进行评价 ………………………………………… 107
换个批改符号 ……………………………………………… 109
借给学生的贴画 …………………………………………… 110
属于孩子的快乐 …………………………………………… 113
同学之间游戏要有分寸 …………………………………… 115

孩子,告诉你个好消息 ……………………………………………… 118

给调皮的孩子上个"紧箍咒" …………………………………… 120

画像 = 爱心 ………………………………………………………… 122

第五章　实践活动促发展

追寻教育脚步　感恩教师奉献 …………………………………… 125

文明礼仪教育润心田 ……………………………………………… 127

我们手拉手　同在蓝天下 ………………………………………… 129

大手牵小手　携手度立夏 ………………………………………… 131

畅游竹泉村　亲近大自然 ………………………………………… 134

珍惜粮食　从我做起 ……………………………………………… 135

勤俭节约主题教育案例 …………………………………………… 137

大量阅读　提高素养 ……………………………………………… 146

助力成长　为梦护航 ……………………………………………… 147

缅怀革命先烈　继承革命遗志 …………………………………… 149

缅怀革命先烈　弘扬革命传统 …………………………………… 156

第六章　家校合作

尊重每一位家长 …………………………………………………… 158

让家长看到希望 …………………………………………………… 160

为家长提供力所能及的帮助 ……………………………………… 162

老大老二都是宝 …………………………………………………… 165

03

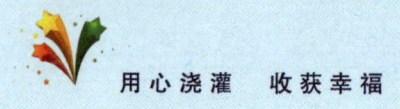

孩子，看问题要全面……………………………………………… 169
耐心呵护　精心培育…………………………………………… 171
家长切勿随意给孩子增加作业………………………………… 174

第七章　提升专业素养

学习名师智慧　提高教育水平………………………………… 178
聆听名师指点　促进专业成长………………………………… 184
明确目标定位　致力专业发展………………………………… 187
研修促进成长　谱教育新篇章………………………………… 191
以兴趣为基础　扎实推进校本课程建设……………………… 194
培训指导　教学相长…………………………………………… 196

第一章 爱心教育

　　孔子在选择教育对象上奉行的是有教无类的原则,不分贵贱贤愚,任何人都能享受到平等受教育的权利。时至今日,教师所教对象的范围更加广泛,学生性格不同、家庭环境不同、兴趣爱好不同,公平教育好每一位学生是我们的神圣使命。作为班主任,我深感这个使命的光荣,更深感肩负责任的重大。要完成这个光荣的使命,我想,真心爱学生才是教育的根基!

用心浇灌　收获幸福

爱心润泽学生成长

夏丏尊在《爱的教育》译者序言中说："好像掘池，有人说四方形好，有人说圆形好，朝三暮四地改个不休，而对于池的所以为池的要素的水，反无人注意。教育上的水是什么？就是情，就是爱。教育没有了情爱，就成了无水的池，任你四方形也罢，圆形也罢，总逃不了一个空虚。"现在的孩子大多思想独立、性格迥异，且当今时代知识更新日新月异、网络发展迅速，这些都是班主任工作所面临的崭新课题，具有非常大的挑战性。那么，班主任如何做才能对这些孩子进行全面的、有效的教育呢？答案是，只有真心关爱学生才是班主任做好工作的法宝。因此，班主任必须要放下自己的"师道尊严"，要用自己的真心去关爱学生，多给学生真诚的微笑，多给学生讲几句鼓励的话，多与学生进行倾心交谈，学生才愿意与班主任亲近，才乐意把自己的真实想法说给班主任听，班主任才能更准确、更及时地了解学生的思想动向，才能做到有的放矢。

尊重每一个幼小的心灵

教育孩子从尊重孩子开始。小学生虽然年龄小，但是他们有强烈的被老师尊重的渴望。作为班主任要利用身边的每一次机会，呵护他们幼小的心灵，尊重他们不同的个性，尊重他们暂时的落后，尊重他们犯错的权利。但是，班主任对学生的尊重不等于无为，不等于对学生所犯错误视而不见、毫无原则,更不等于对学生的无限放纵。班主任要用真诚赢得真诚,用心灵赢得心灵,让每一位学生切身感觉到你对他们的尊重。

公平对待每一位学生。孩子虽然年龄小,但是他们对老师对待他们的态度极为敏感,特别在意班主任是不是公平对待每一位学生。他们在乎老师的一个眼神,在乎老师的一次微笑,在乎老师给予的一个小小的奖励,甚至在乎每一次发言的机会等。因此,班主任要做到两个公平:一是公平关爱每位学生。教师要用心关注每一个孩子的每一点需求,不管学生是否成绩优秀、是否性格随和、是否调皮捣乱,我们都要一视同仁。每个学生都是家中的宝贝,也是我们每个老师的宝贝,他们需要真诚的关爱、积极的鼓励以及发自内心的赞美。二是公平对待犯错误的学生。学生毕竟年龄小,总是会犯这样那样的错误,班主任要公平把握好教育的尺度,用心采取有效的教育方式,或宽厚地包容,或严厉地批评,总之要耐心引导学生改正错误,促进学生健康发展。因此,班主任只有尊重和珍视孩子,才能让学习变成孩子们最快乐的事,让老师变成孩子最信任的人,让学校变成他们温暖的家。

爱护关心每一位学生。学生的事情就是我的事情,为了有针对地关心爱护每一位学生,在班级管理工作中我总是非常细致,经常与学生谈心,了解学生的思想动态;我还经常进行家访,与学生家长沟通、交流,摸清学生的具体情况。对于家庭、自身情况特殊的学生,我会经常找他们谈心,有针对性地进行帮助;对于学习困难的学生,我会认真分析困难的原因,给予更多的耐心辅导;对于性格孤僻的学生,我则注重人文关怀和心理疏导,讲究工作艺术,用正确方式教育引导学生;对于没有理想目标的学生,我会鼓励他们畅谈,引导他们逐步树立远大的理想。总之,我会针对不同情况的学生帮助他们克服困难、树立自信心,做到与每位学生关系平等、友好、融洽、和谐。

为每位学生创造锻炼的机会。"心有多大,舞台就有多大。"给学生施展才华的机会是更用心的尊重。为了给每一位学生锻炼的机会,给每一位学生施展自己的舞台,我在班内实行了班长轮流制,对于上任的班长,我在给予指导的同时,更放手让他们进行班级管理,这一制度使班内的面貌发生了彻底的变化。

首先,我让愿意当班长的学生写出自己的意愿,并要写出自己当班长后的管理方案,然后轮流上岗。起初有些学生持观望态度,后来,大家看当班长的同学当得有声有色,也都积极主动地参与到"当班长"活动中来。然后,我会进行跟踪指导工作。由于每位学生的能力不同,方法不同,在班级管理中随时会出现这样那样的问题,这就要求班主任要时时关注班内的情况。一段时间以来,我的班级管理任务仿佛更重了,可是想想这也是必然的过程。学生的管理能力不是天生就有的,是需要锻炼的,因此,为了每一位学生的成长,我还是继续坚持给学生锻炼的机会。其次,我还经常举行优秀班干部评选活动,以调动学生进行班级管理的积极性,并让评选出的优秀学生干部进行经验交流,互相学习管理经验,促进班级工作的开展。

最终,一轮实验下来,同学们不光管理能力大大增强,他们的学习劲头也明显提高,班内出现了可喜的变化。因为是切身体会,学生在管理他人的同时也学会了约束自己。比如丰明同学,他以前经常不完成作业,当了值日班长后,有了很强的责任心,自己的作业也能按时完成了。还有王阳同学,以前他的座位下总是垃圾满地,自从当了值日班长后,主人翁意识增强了,地上的垃圾明显减少了。通过班长轮流制,同学们既有了学习的动力,有了主人翁意识,又有了自信心——因为"我"也可以当班长,这样的自信他们将一生受用。

教师只有尊重学生,才能赢得学生真正的尊重,才能成为学生的知心朋友,取得事半功倍的教育效果。相信每一位学生都会在我们的用心浇灌中成就美好的未来,同样,我们教师也会收获无边的幸福。

真诚与学生沟通交流

班主任要经常真诚地与学生进行良好的沟通,这是班主任取得班级工作成功的重要因素,但前提是要与学生建立朋友式的关系。课下不妨来个

"不分你我",与学生进行亲切交流,拉近师生间的距离,就会与学生真正交心,才能有的放矢地对学生进行教育,取得班级管理工作的成功。

与学生建立良好的关系是沟通的前提。班主任可以采取多种方式与学生建立良好的关系,比如和学生一起游戏。班主任可以经常在课间与学生一起打打球、踢踢毽子,参与学生的聊天,这样就能及时了解学生的思想动态,真诚地与学生沟通交流,跟学生打成一片。班主任还可以利用每一次作业批改的机会,与学生进行心灵的对话,在作业本上写上对学生真诚的赞扬、期望等。另外,班主任还可以经常让学生反馈意见,提出对班级管理的看法或建议,这是一个交流的好办法,也能促进班主任及时做出相应的调整,促进班级工作的开展。

陪学生一起训练是良好的沟通方法。学校经常组织一系列活动,陪学生一起训练、参与学生的活动是沟通的好方法。比如,学校召开春季运动会,我放下手头的工作参与到学生的训练中去,陪他们跑步,陪他们跳远,陪他们扔垒球等,我还耐心地对每位学生进行指导。学生有了老师的陪伴,他们练得更带劲儿了,丝毫不觉得辛苦。休息时,他们围在我的身边叽叽喳喳地说着班级或自己的各种事情,我及时发现了班级里存在的一些问题,比如,班内有两位女生因为闹着玩产生了误会,她们已经有一周的时间互相不搭理了,在我的耐心教育、积极引导下,她们又重归于好。和学生共同锻炼的这一个月时间,虽然我需要加班备课、批改作业,但是却增进了我和学生之间的感情,与学生进行了良好的沟通,最终我们班不仅在运动会上取得了优异的成绩,班级其他工作也取得了成功。

注重与学生平等交流。班主任要把学生当成自己的朋友,任何时候都要与学生平等交流,才能起到沟通交流的效果。比如,当面对一个犯了错误的孩子时,不能因为自己是班主任就高高在上任意指责孩子,更不能说一些伤害孩子自尊心的话打击孩子。首先,班主任要静下心来想想怎样与孩子交流才能起到教育的最佳效果,不能只批评不教育。然后,班主任可以让学生坐下来与老师面对面平等交流,这也是对学生的一种尊重,利于学生放下戒备抗拒的心理,能听进老师的教导。其次,班主任要帮助孩子认识到自己有什么问题、为什么错了、怎样做才能改正错误,耐心引导学生分析其中的利弊,并让学生学会换位思考,激发学生思考还有没有更好的解决问题的方式。在这样的平等交流中,学生能很快认识到自己存在的问题,主动承认错误,思想上也有了很大的转变。我班就有这样一位调皮的学生,在我的耐心引导下,他成了老师得力的小助手,经常帮助老师处理班级的小问题,可见平等交流在教育中的重要性。

习近平总书记在2014年9月9日同北京师范大学师生代表座谈时的讲话中指出:"好老师对学生的教育和引导应该是充满爱心和信任的,在严爱相济的前提下晓之以理、动之以情,让学生'亲其师,信其道'。好老师要用爱培育爱、激发爱、传播爱,通过真情、真心、真诚拉近同学生的距离,滋润学生的心田,使自己成为学生的好朋友和贴心人。"班主任要深刻认识到,爱是教育的灵魂,在班级具体工作中,班主任要用真情、真心、真诚塑造学生美好的心灵,让学生在爱心润泽下健康成长;同时要真诚与学生沟通交流,拉近师生距离,增进师生情谊,成为学生的良师益友,教学相长,让班级管理工作事半功倍,促进学生健康、和谐、全面发展。

善于换位思考

《增广贤文》中有言:"责人之心责己,恕己之心恕人。"这就是说我们要学会换位思考,设身处地地为他人着想,即想人所想、理解至上的一种处理人际关系的思考方式。班主任作为一班之主,更要学会换位思考,要经常站在孩子的角度理解孩子的想法,要以"假如我是学生"的情感去体验孩子的内心世界,以童心去理解他们的"荒唐",以爱心宽容他们的"过失"。爱学生所爱,想学生所想,忧学生所忧,这样对学生的教育才会有效。

记得这样一个事例,有一次学校进行卫生大检查,我自认为是万无一失的,因为我亲自带领大家认真打扫,值日生做得很仔细,值日班长也检查了数遍,我也来来回回仔细巡视了几圈,教室内可谓窗明几净、一尘不染。谁知检查结果出来却出乎意料,我班的室内卫生竟然出了问题。

我一问才知道,原来是我班的小宇将一团卫生纸扔在了地上。这不是故意捣乱吗?他怎么能这么不尊重老师和同学们的劳动成果?我真想狠狠地批评他一顿。可就在我将要批评他的时候,我忽然想起自己小时候因扣分被老师误会的事:我和同学闹着玩,被检查纪律的老师误认为是打闹,扣了我们班的分,班主任狠狠地批评了我们,那种难过和无奈让我至今记忆犹新。是呀,孩子调皮归调皮,总不至于故意将卫生纸丢在地上吧。于是,我心平气和地问他是怎么回事,他说道:"老师,我擦完鼻涕把卫生纸放在抽屉里了,可能是我拿书的时候不小心把纸带出来了,我没发现。"看着孩子一脸无辜的样子,我相信孩子说的是真心话。于是,我抚摸着他的头说:"老师知道是怎么回事了,希望你下次要留心一些,用完的废纸要扔到垃圾箱中,这既是自己讲卫生的表现,也是尊重其他同学劳动成果的体现,你说对吗?"孩子使劲地点点头,好像下了很大的保证一样。

从此,小宇同学更讲卫生了,他还经常帮助其他组的同学做值日。有一次我批改作业,当改到小宇的作业时,我发现他在刚做完的这一页处夹了一张小纸条,上面写着:"老师,我感冒了,改完我的作业请您一定要洗手!"多么懂事的孩子,我内心有一股暖流在涌动。

正如陶行知所说:"真教育是心心相印的活动,唯独从心里发出来,才能打动心灵的深处。"班主任心中要时刻装着学生,以真心换真心,以德育德,并在工作中形成自己独特的教育风格,相信一定会取得最佳的教育效果。

用心浇灌　收获幸福

班主任工作要用"心"

全国优秀班主任李镇西老师在《爱心与教育》中说:"我们所做的都是必须要做的。我们感受了学生太多的爱,我们只有用更多的爱去回报我们的学生。"爱,是教育的真谛,班主任要多一分尊重、多一分宽容、多一分理解,善待每一位学生和他们的家长,用心灵赢得心灵,相信每一位学生都会在我们的用心浇灌中成就美好的未来,同样,我们也会收获无边的幸福。

对待学生要有爱心

冰心说:"有了爱便有了一切。"可见,班主任要想育人,首先要有爱心,学会经常换位思考:"假如我是孩子,我会怎么做呢?""假如是我的孩子,我会怎么办呢?"在班级管理工作中,我总是尝试着换位思考,并切实用自己的真心认真、执着、民主地去爱每一位学生。

有了这样的心态,我再面对我们班的孩子时,就会经常俯下身来充满关爱地抚摸一下孩子的脑袋;用充满爱意的眼神给学生一个赞赏的暗示;遇到问题先冷静下来力求给学生一次改过的机会。我发现学会换位思考后,我对学生的爱便是一份真实的、沉甸甸的、由内而外的爱了,我能真正感受到每位学生都是那么可爱,哪怕是他们犯了错误。对待犯错的学生,我再不像以往一样采取简单的训斥、制止式的教育,而是换位思考,先站在学生的角度想问题,他们的错误也许真的情有可原。

比如我班的小美同学,有一段时间上课老爱走神,写作业的时候一会儿看看老师,一会儿写写作业,总之就是一副心不在焉的样子。是什么原因导致她老是走神呢?我尝试站在她的角度去想,她要么不舒服,要么有心事,反正应该是有原因的。我没有简单地批评她,而是用一个眼神提醒她要认真写作业,她也心领神会地认真写起来。一次碰巧遇到小美同学的妈妈来接她,在交流时说到这个问题,小美的妈妈却高兴地说:"孩子回家说了,她说特别喜欢你,特别崇拜你,她说上课总想多看老师一会儿,小美还说长大想像你一样,也当老师呢。"原来,孩子的走神的确是有原因的,是一个很可爱的原因。

由此可见,孩子的思想就像万花筒一样,班主任要爱学生所爱,想学生所想,忧学生所忧,用我们的爱心去创设宽松和谐的氛围,唤起学生的主体意识,启迪学生的智慧,给学生一种含有母爱又高于母爱、含有友情又超于友情的真挚的师生之爱。

组织各种活动要上心

积极参加学校活动对学生们来说是极佳的锻炼机会,也是培养学生集体荣誉感的最佳契机。作为班主任,首先要对学校组织的活动上心,才能激发学生参与活动的热情,调动学生参加活动的积极性,学生们才能在活动中成长,在活动中提高,最终达到学校组织活动的目的。因此,每当学校布置活动任务的时候,我都非常上心,积极发动学生们参加,并对每个环节做到有针对性的指导,陪学生一起练习,力求通过活动让学生取得最大收获。就拿一次"六一文娱会演"来说吧,当时我是六年级的班主任,为了让每一位学生都能上台表演,能有一个展示自我的机会,我选择了一个手语表演节目。然后我利用每天大课间以及下午放学后休息的时间,带领全班同学认真排练,尤其是有些动作需要一遍遍地练习。经过大家的努力,我们的节目成形了,学生也信心满满。但在临近彩排时才发现,我们的节目与其他班级的节目有一部分是重复的。同学们了解情况后,感觉这样效果不好,想换节目。可是换节目并不是简单的事情,毕竟我们花费了大量的时间,节目也已成形,不过,同学们为了节目效果,还是想换节目,我最终选择尊重同学们的意见。为了省事,有的家长向老师建议,选参与人数少一些的节目,这样排练起来比较容易,效果也会更好。我想,孩子们过儿童节是一件开心快乐的事,我希望每位同学都能有机会展示自己,因为这是孩子们在小学最后一个"六一文娱会演"的机会,而且绝大多数学生都想参加,我怎么能让同学们扫兴呢?

于是,我又选择了学生参与性更强的个人才艺展示集锦节目,带领大家投入了紧张的排练当中;我们还积极取得家长的配合,让家长也参与到节目排练中来。结果,短短的半个月时间,我们的节目就练得有模有样。在学校"六一文娱会演"中,我们班的节目以新颖的形式、多样的造型和时尚的时代元素赢得了观众的阵阵掌声,其他老师和学生们纷纷夸赞我们的节目有意义。每位同学都有展示、锻炼的机会,班里的同学们别提有多兴奋了,尤其是以前没上过台的同学,更是自豪无比。

这么紧张的排练,不但没有影响同学们的学习,反而增强了同学们的积极性,学习成绩也提高了很多,同学们的集体荣誉感明显增强;很多家长也都向我表示感谢,感谢老师给孩子这样一个上台演出的机会,这也是他们在小学度过的最有意义的儿童节。看来,只要班主任上心,就能为孩子们创造更多锻炼的好时机,学生们的能力就能得到进一步的提高。

转化后进生要有恒心

后进生就是素质发展的某一方面或所有方面相对滞后的学生,是就某个学生群体而言的相对概念。这并不代表后进生会一直落后。后进生的转化是一项长期工程,需要一点一滴地积累,一点一滴地进步,但只要持之以恒,水滴也会石穿,相信后进生会在我们的努力帮助下全面发展。

针对班级内的后进生,我总是有计划地对他们进行帮助。首先,针对不同的学生分析后进的原因,与任课老师沟通,针对不同的孩子制订出不同的教育计划、教育方法,因材施教。然后,与家长沟通,让家长看到自己孩子的优点,对孩子的发展抱有希望,并争取家长的大力配合,每当孩子有一点点的进步,我们就要及时向家长反馈,树立孩子的自信心。其次,耐心做好孩子的补习工作,比如,有的孩子在学习上有些懒惰,字体也不工整,每次考试成绩都在倒数,我就利用每天下午放学后的时间给他们补习。像他们这样的孩子,经常会出现反复,有时给他们复习了几遍的知识,他们还是一点儿也不会,出现问题后,我没有放弃,而是继续耐心辅导,鼓励孩子进步。也有的孩子旧习难改,为了逃避补习,他们会悄悄地溜走,对这样的孩子,我没有简单地批评,而是耐心地教育、引导,让他们明白学习的意义。经过长期的努力,他们的学习成绩进步了很多,人也变得自信了,有的后进生的成绩甚至在班里名列前茅,家长非常满意,还专门打电话向我表示感谢。

　　后进生工作做好了,班级其他工作也就省劲多了。孩子们变得越来越优秀,我的班主任工作也取得了令人满意的成绩,在与孩子们的相处中也收获满满,他们也促进了我的成长。

[本文发表于《小学生拼音报》,2014年4月]

用心浇灌　收获幸福

好的教育应是春风化雨

每位班主任都想让班集体的每一位成员在德、智、体、美各方面得到均衡发展,然而在实际工作中,班主任的工作却说起来容易做起来难。究竟如何做才能让学生的行为与班主任的要求产生共鸣呢?

作为班主任,我们都很清楚,在一个班集体中,不管学生数量多少,不管学生有多优秀,他们在各方面的表现都会有左、中、右之分。因此,班主任要正视现实,以平和的心态对待每一位同学的个性与差异,要用自己一颗真诚的心赢得每位学生对老师的尊重与信任,保证所有学生的利益不受到伤害,都能得到进步与提升。

记得有一次我刚接过一个新班,班上有一位"调皮大王",学生每天都要轮流来告他的状,我三番五次找他谈话却收效甚微。我想,也许他是欺生,我要给他一个下马威,也好给班级其他同学一个警醒。在一次班会课上,我从课堂纪律到课间情况,从晨读到做值日,总之,几乎把他存在的问题全部数落了一遍。我想,班内的其他同学一定会佩服我的这一公正做法,也会大解他们的"心头之恨"的,因为这些全是他们告状反映的问题。可是,事情的结果完全出乎我的意料,被我狠狠批评的同学并没有深刻地认识到自己的错误,仍然一副无所谓的样子,其他同学却一个个耷拉着脑袋,一副无精打采的样子。我立刻意识到我这样处理问题不是很好,于是草草收兵。

下课后,我侧面询问了一下班干部及其他同学,他们的回答结果非常一致:"老师,你批评他的时候很严肃,没有笑脸,我们心里有些害怕。"听了他们的反馈,我如梦初醒,看来,如果班主任对学生的教育只能让学生感到害怕,而不能动之以情、晓之以理,那这样的班主任工作还不如不做。好的教育应该是春风化雨,用真诚去激励、鼓舞学生,也只有用真诚感化学生,学生的心灵才能有所触动,才能促进学生的健康成长。

找到了问题的症结以后,我决定在全班同学面前真诚地向"调皮大王"道歉:"老师不该当着全班同学的面数落你,老师也应该多看看你的优点,你能原谅老师吗?"没想到,"调皮大王"不好意思地低下了头。同时,我也真诚地向学生们道歉:"对不起,让同学们受惊了。"同学们随之报以热烈的掌声,微笑着接受了我的道歉。在接下来的时间里,我还时常找"调皮大王"谈心,发现问题及时引导他,对他的点滴进步及时表扬。一段时间后,我惊喜地发现"调皮大王"不再惹是生非了,其他同学也能主动与我谈心了。我用我真诚的道歉赢得了学生们真诚的谅解,班主任工作也越来越得心应手了。

通过这件事,我明白了学生对老师的错误不会纠缠不休,对老师更多的是宽容和理解。从学生的表现中我深深地受到了启发,作为班主任,我们决不能对学生的错误无限放大,更不能死死地抓住学生的错误不放,我们的目的是让学生能改正错误、健康成长,那么决不能只是单纯地进行批评,而要采用积极有效的方法促进他们改变。我又向孩子们提议:"今后,如果我们犯了错误,一定要相互提醒,相互原谅,好吗?"听了我的提议,同学们报以热烈的掌声表示赞同,我深深地感受到这掌声拉近了我和他们心灵的距离。

是呀,试想一下,我们大人也会犯错,又何必强求我们的孩子不犯错呢?有了这样一颗平常心,当班主任再面对孩子犯错时,就不会觉得他们的错误有多么严重,他们的错误是多么不可原谅了。我们要静下心来,用爱心走进学生的心里,用耐心引导学生认识自己的错误,这样做,反而会促进学生的改变。学生犯了错,他们也会自知理亏,这时候班主任如果能对他们多一些包容和理解,他们一定会因老师的宽容而更加严格地要求自己,朝着老师期望的方向发展。

用心浇灌　收获幸福

正如著名教育家魏书生所说:"教师应具备走进学生心灵世界的本领,不是站在这个世界的外面观望,更不是站在这个世界的对面发牢骚、叹息、愤慨,而应该在这个心灵世界中耕耘、播种、培育、采摘,流连忘返。"如果我们在遇到任何问题时都能走进学生的内心,春风化雨般地引导、激励学生,真正促进学生的健康发展,我们也会更顺利地实现我们的育人目标。

宽容是金

——被"捡"回的钢笔

莎士比亚说:"宽容就像天上的细雨滋润着大地。它赐福于宽容的人,也赐福于被宽容的人。"宽容更是一种教育智慧,它没有对学生"恨铁不成钢"的焦虑,也没有对学生所犯错误耿耿于怀的刻薄。学生在成长的过程中会出现这样那样的问题,班主任对待这样的学生应该具有宽容之心,以一种平和的教育智慧原谅学生目前的落后,用发展的眼光给予学生深切的期待,学生才会在这种期待中不断地在知识、情感、个性等方面取得全面的发展。

一次偶发的钢笔事件,更让笔者深深体会到班主任在处理问题时一定要设身处地为学生着想,要有宽容之心。那是一个阳光明媚的早晨,我刚到教室,小乐就急匆匆地跑来告状:"老师,昨天下午扫完地我的钢笔不见了。"听了小乐着急忙慌的报告,我想,这个小乐做事经常丢三落四的,肯定是自己放错地方了。再说,这是昨天放学后发生的事,即使被别的同学拿走了,他们也不会今天接着拿来用,这支钢笔恐怕暂时找不到了。于是,我对小乐说:"老师知道了,你再想想,是不是放错地方了?老师也再帮你找找,你先回去吧。"小乐却站在原地不走,告诉我:"老师,我看小名的钢笔很像我的。"我怀疑地问:"小乐,学生的东西看着一样的多的是,可不能乱说呀,你有什么根据呢?""老师,我的钢笔上周不小心被我摔了一下,钢笔尖有点往右歪,他的也往右歪,而且他的钢笔颜色和我的一模一样。"小乐有理有据地说。看来，这个问题必须要马上处理了，不然会造成同学之间的一场误会。

下了晨读课以后，我悄悄地把小名喊到我的办公室，开门见山地问道："小名，说说你的钢笔到底怎么回事？"小名一脸惊诧的样子，疑惑地问："什么事呀，老师？"看见小名莫名其妙的样子，我想，小乐是不是冤枉小名了，我试探地提醒他："你铅笔盒里的黑钢笔是怎么回事？""老师，我昨天刚买的。"我的话还没说完，小名就脱口而出。看他一副信誓旦旦的样子，我感觉他的钢笔真是昨天刚买来的。不过，仔细想想，小乐昨天丢的钢笔，小名昨天买的钢笔，难道真的这么巧吗？为了更确切地了解情况，我让小名把他的钢笔拿来。小名回到教室很快拿来了那支黑色钢笔并递给我，我接过钢笔一看，心里顿时有数了——小名真的拿了小乐的钢笔。不用仔细看就能发现这支钢笔显然不是新买的，已经磨掉了漆，再看钢笔的笔尖，和小乐说的一模一样，笔尖也是往右歪。"小名，你刚买的新钢笔，钢笔尖怎么歪了？"我直截了当地问。"老师，我的钢笔买来笔尖就是歪的。"小名毫不含糊，理直气壮地说。事情到此，出乎我的意料，我可以断定小名手中的这支钢笔就是小乐的。但是，站在孩子的角度想，他们看到别人的东西好，想据为己有的心理也不足为奇，我不想直接逼着小名承认拿了小乐的钢笔，我想以一种平和的心态对待他，让他承认错误并改正，于是我耐心地引导他。

"小名，老师看你这支钢笔有些旧，你是从哪儿买的？"

"我在学校小卖部买的。"小名果断地说。

小卖部离我们学校很近，他就不怕老师去求证吗？我想，这个小名真是敢说。可是，小名在我的心里一直是好孩子，他今天怎么这么气人呢？明明不是新钢笔，却偏偏说是新买的，还说得有鼻子有眼的，竟然连老师也敢欺骗，看来，不教训教训他是不行了。

"你真的是在学校小卖部买的吗？"我还是想让孩子自己说出真话。

"当然是真的！"小名瞪圆了眼睛肯定地说。

"那我们到小卖部，去看看有没有你买的这种钢笔。"我想小名这回该低头了吧。

没想到,我话音刚落,小名干脆地说:"去就去!"说完自己竟转身就要走。

刚才我也只是吓吓他,没想到小名转身就要走。他的举动让我傻了眼,看他毫不含糊的样子,我也犹豫了,难道真是他昨天刚买的钢笔?但转念一想又不可能,这明明就是一支用了很长时间的旧钢笔,可不管怎么说,老师也不可能真的领着学生到小卖部找人作证,那会对学生造成多大的伤害呀。

我立刻喊住小名,给他来了个单刀直入:"小名,请你站住。老师知道你一直是个好孩子,但是好孩子也有犯错误的时候,犯错误我们不怕,但是,犯了错误我们一定要改正,才会是更好的孩子,懂吗?老师可以实话告诉你,老师不用去,就知道这支钢笔不是你昨天刚买的,想知道原因吗?"小名默不作声,怯怯地看着我。我给小名分析道:"新买的钢笔,当然要有一个'新'字,你看老师的分析对不对?第一,新买的钢笔不会歪尖;第二,新买的钢笔更不会掉漆,看上去这么旧。你这么聪明,怎么会花钱买支旧钢笔呢?"这时的小名还想辩解,我没有给他辩解的机会,如果让他再继续编下去的话,一定会离题万里,越扯越远。我接着说:"你告诉老师实话,老师一定原谅你,在老师的心里,你依然是个好孩子,并且这是你和老师之间的秘密,老师也不会给其他同学说。"小名的眼睛里多了一些信任。"老师,我说,这支钢笔是我昨天扫地的时候在小乐的桌子底下拾的,我不是在他位置上拿的。""老师相信你不是在他位置上拿的,但是捡到别人的东西要怎么做呢?"我进一步引导小名。"老师,捡到别人的东西应该还给别人,那我把钢笔还给小乐吧。"小名低下头说。"今后一定要记住,别人的东西再好,自己也不能要,拾到的东西要交给失主或者老师。"小名使劲点点头,我也长长地舒了一口气。我又鼓励孩子:"你勇于承认自己的错误,老师就知道你一定是一个明事理的好孩子。"

第二天,我当着全班同学的面把钢笔还给了小乐。我向同学们解释道:"昨天,其他班里的同学拾到一支钢笔,正好是小乐的。"同学们没说什么,小名却低下了头。

　　至于钢笔到底是怎么找到的,成了我和小名之间的秘密。后来,小名上课变得更加积极了,见到老师也更加有礼貌了,学期结束时,小名还被评上了三好学生。我真不敢想象,如果当初我真的跟着小名到小卖部求证,那么,小名拿别人钢笔的事就会张扬开来,小名现在又会怎样呢?

　　苏霍姆林斯基曾说:"有时宽容引起的道德震动比惩罚更强烈。"这支被"捡"回的钢笔既帮学生找回了钢笔,又让小名懂得了拿别人的东西是不对的道理,也巧妙地保护了小名的自尊心。是呀,班主任一定要放平心态,正确对待学生成长过程中所犯的这样那样的错误。学生偶尔犯小错误也是在所难免的,班主任应该饱含宽容之心、疼爱之心,并适度为学生保守一定的小秘密,本着以人为本的思想,本着教育学生的目的,为孩子创造一个良好的成长环境。相信只有这样,我们才能赢得每一位学生对老师的认可、尊重,我们的孩子才会朝着我们期待的目标不断前进,健康、幸福地成长。

[本文发表于《山东教育》,2014年第28期]

鼓励孩子战胜自我

关爱学生是教育的基石，对学生心灵的呵护更需要教师细心发现、耐心等待、爱心坚持，相信充满师爱的教育一定会收获喜悦的成果，相信对学生心灵的呵护一定会为孩子的成长路途洒满阳光。

"老师，您好！"我正走在去学校的路上，听到小欣同学银铃般的问好声，我马上回头笑着说："好孩子，你真有礼貌！"看到小欣天真开心的笑容，我从心里为孩子的改变而高兴。这看似一般孩子都能够做到的礼貌问好，对于小欣同学来说，可是一个很大的转变。

记得刚接过这个班的时候，我让学生做一下自我介绍。同学们兴奋地轮流自我介绍，可是，轮到小欣的时候，只见她涨红着脸，紧紧地闭着嘴，一脸紧张的样子。无论我怎样鼓励她，她就是什么都不说。我鼓励孩子说："好孩子，简单地介绍一下自己，说几句就行。"可是她只是干咳了几下嗓子，紧接着用一只手使劲儿抠嘴巴，好像嗓子里有什么东西一样，另一只手则使劲儿捂眼睛，就是什么也不说。我不知道怎么办好了，连忙用两只手分别拉住她的手。这时，全班同学都大声说："老师，她叫小欣，她就是这样，她原来上课也这样，她从来不回答问题，她什么也不会说的。"

"老师，她就是这样，她不喜欢说话，她在家里也是这样。在家里，她爸爸妈妈问她，她什么也不说。你要是再问她，她会哭的。"此时，后排的一位男生站起来说，好像是在为她辩解。后来我了解到，这是小欣的邻居。

我来到这位男生身边，希望能从他的话中找到小欣不说话的原因："那

用心浇灌　收获幸福

你知道她爸爸妈妈问她什么问题吗？"

孩子大声说："老师，无论问她什么问题，她都是这样，她就是不说话，一说话就哭。"听了孩子的话，我想："看来，这孩子就是这样，我还是让她坐下吧。看这孩子聪明机灵的样子，她应该能够说得很好呀，至少不至于不说话吧。可是孩子年龄还小，如果就这样给她贴上'不说话'的标签，如果我这次轻易让孩子坐下，我确信孩子今后在课堂上一定会一直一言不发的，这样下去对孩子的发展一定非常不利。"我灵机一动：何不利用这次孩子换新班主任的机会，让孩子有一个彻底的转变，有一个崭新的开始呢？我仿佛看到了孩子改变后的样子。我转身来到小欣的面前，抚摸着孩子的头，趴在她的耳边，悄悄地说："孩子，刚才他们说你不说话，我想，那是以前的你。现在，你已经又长大了一岁，升入新的年级了，我相信你一定能介绍一下自己。"此时，小欣听了我的话好像更委屈了，她哭得更厉害了，嗓子也不停地干咳着，可她就是不说话，仿佛要和我对抗到底。此时，大家也都不说话了，静静地等待着，一会儿看看她，一会儿看看我，仿佛在跟我说"不要再瞎费力气了，根本改变不了她"。怎么办呢？是让她坐下，还是继续等待，给她一个能够改变自己的机会。我想如果这一次让她坐下了，在今后的任何课堂上，任何集体活动中，她都将失去展现自己的机会。我做好了耐心等待的思想准备，又放低了声音，温柔地对孩子说："孩子，老师相信你会说的，只说几句就好，一句也行。"

此时，孩子把一只手放下，嘴巴干咳了两声，看样子，她想说，但是话到嘴边她突然又咽了回去。我抚摸着孩子的头，继续鼓励孩子："没关系，孩子，老师相信你，我等着你！"

几分钟的时间过去了，对于我来说显得是那样漫长，我一直抚摸着孩子的头，一直鼓励她。小欣终于鼓足勇气，小声地说："我叫小欣，我喜欢画画。"虽然小欣声音很小，但是话音刚落，全班同学都向小欣，也向我报以热烈的掌声，我情不自禁地拥抱着小欣，抚摸着她的头说："小欣，你真棒！"小欣顿时趴在桌子上，呜呜地哭起来了。我想，这哭声，也许代表了孩子的一种如释重负,也许代表了孩子对之前的自己的一种告别,也许还带着孩子对我的一丝怨气。不过,对于孩子来说,这必将会成为她人生成长过程中的一个重要的转折点——"我"是能够在集体面前说话的。

在今后的日子里,我尤其关爱小欣,有时抚摸一下她的头,有时给她一个鼓励的眼神,有时给她带一个小礼物。慢慢地,小欣不再那么拘谨了,她也不再用手指抠嗓子了,脸上渐渐有了笑容,有时还会哈哈地笑出声。现在的小欣有了更多让我意想不到的变化,在课间,我经常能看到小欣和同学们有说有笑的身影;在课堂上,经常能听到小欣精彩的发言。后来,小欣的妈妈了解情况后,专门给我打电话表达感激之情,她高兴地告诉我,孩子在家话也越来越多了,还主动跟她聊起学校里发生的有趣的事情。

听了孩子妈妈的话,我深感班主任肩上的责任重大。有时,班主任一个小小的爱心做法甚至能够改变孩子的一生。我真为自己当初能给孩子一个成长的机会而庆幸,更为孩子今天发生的可喜变化而感到由衷的欣慰!

[本文发表于《齐鲁晚报》,2019 年 7 月]

用心浇灌　收获幸福

关爱"考试作弊"的孩子

　　诚信考试,既是对每一个考生最基本的考试要求,也是一个学生必备的道德品质。作为小学班主任,我们总是教育孩子要诚实面对各项检测,不要采取作弊这种投机取巧的行为。按理说,对于考试作弊的同学就应该狠狠地批评他,然后还要给他讲一些诚信考试的道理,让他从此彻底与作弊无缘。可是,最近一次与一位考试作弊学生的谈心,却让我认识到小学班主任工作细心的重要性。作为班主任,我们确实要教育学生诚信考试,但是,面对个别考试作弊的孩子,我们更应该对他们多一分关怀,多一分呵护。也许只有老师的呵护与关爱才能真正改掉他们考试作弊的毛病,从而促进他们真正成长为德、智、体、美、劳全面发展的好学生。

　　一次单元测试,学生们都聚精会神地做着自己的卷子,可是,有一位学生老想瞅我两眼,我凭经验判断出他想作弊。我装作若无其事地转到他那里,他马上把桌洞边的课本合上。为了保护他的自尊心,我没有当面揭穿他。测试卷批改完后,这个平时基础知识不扎实的孩子这次"看拼音写汉字"和"词语填空"竟然没错,不过有几处改动的痕迹。

　　我决定把他叫到办公室了解一下情况,我问他:"孩子,你感觉这次考得怎么样?"他笑嘻嘻地说:"老师,我觉得我这次会比以前考得好。"顿了一顿,他接着又说:"老师,我考好了,我爸爸可高兴了,他还要奖励我我想要的东西呢。"我听出了他话里的意思,看来他的爸爸特别看重他的成绩。我又问:"那如果你要考不好爸爸会怎样?"他脸上高兴的神情顿时消失了,默默地低下了头,两手不停地搓着衣角,似乎很难过的样子。"那请你给老师说说,谁都有考不好的时候,你考不好,你爸爸会怎样呢?""老师,每次我考试考不好,我爸爸都会狠狠地打我,我妈妈护着我,他就骂我妈妈,然后他们就大吵大闹。昨天晚上,他们又闹了一夜,老师,我都不想活了。"听了孩子的话,我非常吃惊,我担心地问:"你是因为爸爸打你才这样想的吗?""不是,我不想让爸爸妈妈打架,我是因为爸爸妈妈打架才不想活的。"说着,他竟呜呜地哭起来。看着这么小的孩子竟然有这种想法,我想,幸亏我及时发现了他"作弊",幸亏我及时向他了解情况。

看着他无助的样子,我抚摸着他的头说:"孩子,你不想让爸爸妈妈打架,说明你是多么善良的孩子呀。那你认为爸爸爱你吗?""爸爸很爱我,平时也很关心我,可就是我学习不好他就打我。"孩子说着又低下了头,"老师,我太笨了,我怎么也学不好。""你说没学好,我信,你说自己笨,我可不信。你平时上课爱说话,爱玩东西,老师布置的作业又不及时做,你想,再聪明的脑子不去学肯定是不会的。老师相信,就你的脑袋瓜,只要学你肯定能学好。"我边分析孩子的问题边鼓励孩子。"真的吗,老师?"孩子半信半疑地看着我。"真的,孩子。"我肯定地说。我又拉过孩子的手,接着引导孩子:"退一步说,只要你认真听课,你努力了,即使成绩不是很令人满意,也是正常的。你可以把老师的话以及你的心里话说给爸爸听,我相信,你爸爸会理解你的,因为他是爱你的。"听了我的话,孩子如释重负似的点了点头。接着我又引导孩子说:"我们进行检测的目的,主要是看看自己哪里不会,然后便于进行有针对性的复习巩固,所以,以后检测时一定要把平时的真实水平发挥出来,别人给看都不能看,懂吗?"我变相批评了孩子想通过偷看书提高成绩的行为,孩子不好意思地看着我说:"老师,我错了,我一定改。""老师相信你能做到的!"孩子使劲儿点点头,好像下定了决心似的。孩子年龄小,他们还不懂考试看一眼有多么不对,我们应该及时制止他们的错误行为,让他们认识、改正错误,懂得考试的意义;我们更应该透过考试,真正关爱孩子的内心世界。

用心浇灌　收获幸福

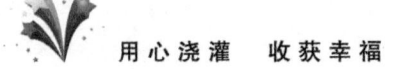

我又及时和他的家长沟通,告诉家长要改变简单粗暴的教育方法,尤其是对于孩子的成绩不要急于求成,要给孩子时间,要正确地引导孩子掌握科学的学习方法,养成良好的学习习惯。通过沟通,他的家长也认识到了自己的问题,答应今后一定会对孩子有耐心,配合老师好好教育孩子。从此以后,孩子脸上的笑容越来越多了,上课听讲更专心了,回答问题也更积极了,作业也比以前认真了许多,他再也没有作过弊,成绩也越来越好了。

看来,在平时的检测中,老师如果看到学生有作弊的行为,千万不要简单地给他们冠上一顶作弊的帽子,除了及时巧妙地制止孩子的行为以外,一定要对孩子多几分关爱,及时了解他们的真实想法,然后有针对性地教育、引导。如果他们是为了取得好成绩而投机取巧,我们一定要动之以情,晓之以理,力促他们改掉这样的恶习。如果他们只是为了让家长满意,让家长高兴,那么我们还要耐心做家长的工作,让家长明白不能平时不管孩子的学习,只到考试时单纯问孩子要成绩,这样的做法只会适得其反。如此一来,教师取得家长的配合,这样才能真正对孩子起到教育的作用,孩子才能诚信考试,健康成长。

对孩子要多一分耐心

小萌是个性格乖巧的女孩子,她平时不爱主动与人交流,但是在课堂上却举手积极,学习主动,学习成绩也非常好。最近,我发现小萌上课经常不在状态,她总是一副漠然的样子,老师讲课她根本听不进去,我看在眼里急在心里。这究竟是怎么回事呢?难道是因为她这一段时间一直不认真完成作业,经常拖拖拉拉,我批评了她的原因吗?但是也不至于吧,学生不按时完成作业,老师提醒也是正常的呀。

下午讲试卷时,小萌依旧是面无表情。到底是什么原因呢?她这样下去怎么行呢?我想,我必须了解清楚情况。下午放学后,我把小萌叫到办公室,和蔼地对孩子说:"孩子,你这几天为什么经常不完成作业,上课也不爱举手呢?"孩子面无表情,很干脆地说:"我不会。"这个孩子就是这样,不管说话还是做事总是显得有些任性,不是很容易让人接近。我知道,其实她不是不会。我又引导孩子说:"有些问题不会也是正常的。但是对于像读课文这样的作业,你也不会吗?"孩子想都不想,张口就说:"不会。"显然,孩子的这种回答是一种抵触,是一种不配合,是一种无所谓。我没有批评她,而是耐心地引导孩子:"孩子,老师觉得你不是不会,像读课文这样的作业,不是很简单吗?最好还是能积极举手。""我就是不会!"孩子甚至有些生气地说。我吃了一惊,但还是继续耐心地对孩子说:"读课文这样的作业太简单了,你为什么不会呢?"孩子脱口而出:"我没有预习。"不管我怎么引导,孩子就是只说:"不知道。""我就是不想做作业。""我没怎么想,我就是不想做。""我也不想回答问题。"说心里话,这样的孩子并不多,既没有礼貌又没有改错的态度。

那到底有什么深层的原因呢？我决定来个单刀直入："孩子,我发现你说话总是说推车轱辘话,说白了,你就是不说真心话,老师是想帮助你分析原因,不是批评你。"听了我的话,孩子没再说什么。接下来,我用画图的方式跟孩子交流："孩子,我感觉你说话是空的,就像在画一个圆,对解决问题没有任何帮助。你看啊,老师发现你不完成作业,这是问题吧？只有找到原因,才能解决问题,最后得出好的结果。你看老师耐心问了你这么长时间,老师问你为什么不写作业,你说不想写;老师问你为什么不想写,你说我就是不想写。你这样说老师怎么能够找到你不写作业的原因呢？老师还是希望你能把心里话说出来,好吗？"孩子的表情看上去不再那么强硬了。"是老师布置的作业多吗？""不是。""那是什么原因呢？你看,如果是作业多,老师下次可以给你减一项作业。如果是你的身体不舒服,你也可以把这个理由说出来。"这时,孩子低下头哭着说："老师,我不想学习了,我妈妈和我爸爸这一段时间天天吵架,他们要离婚,他们谁都不想要我,我很难过,晚上都睡不着觉。"看着孩子伤心无助的样子,我拉着孩子的手安抚她说："孩子,妈妈和爸爸吵架那是大人的事情,他们可能遇到了难题,你这么可爱,是爸爸妈妈的宝贝,他们怎么会不要你呢？相信老师的话,他们很爱你,他们也会处理好他们的问题。你先好好做好你的事情,在家也要做些力所能及的事情,帮爸妈减轻负担,好吗？"孩子听完我的话,心情放松地点了点头。

我又抽时间向孩子的妈妈了解了一下情况。原来是孩子的爸爸前段时间做生意有些失利,这段时间天天借酒消愁,孩子的妈妈见了就烦,所以天天吵架,还提出了离婚,更没有精力顾孩子。我劝孩子的妈妈："你家孩子这么可爱,这么优秀,孩子这么爱你们,相信你们为了孩子能克服家庭遇到的困难。你能不能先改变一下方法,一是别当着孩子的面跟她爸爸吵架,二是孩子的爸爸喝了酒先不要跟他闹,等静下来还是要好好规划一下下一步的生活。"孩子的妈妈听了我的话也平静了许多,她说："谢谢您,老师,您看不光孩子让您操心,我们家里的事还让您费心。接下来,我一定先管好孩子,家里的事我也改变一下方法,您放心吧。"见孩子的妈妈有了改变的想法,我非常欣慰。

后来,小萌的妈妈专门给我打电话,高兴地告诉我:"我和她爸爸关系和好了,生意也慢慢好多了,幸亏您当时给我说了那些知心话。"听了她的话,我心里十分高兴。我看见小萌的脸上笑容越来越多,听课精力也越来越集中了,不仅上课积极举手发言,下课后还经常和我聊一些有趣的话题,她比以前更加阳光快乐了。

看来,教师对孩子的教育只要多一分耐心,不仅能改变孩子,促进孩子健康成长,甚至能挽救一个家庭!

用心浇灌　收获幸福

找准切入点　转化后进生

后进生在每个班级都存在,任课老师也是在后进生的转化工作中花费了大量的时间和精力,学校更是把后进生的转化工作视为学校教学工作的重点。学生的智力差异不大,有的同学甚至还特别聪明,是什么原因造成他们学习困难呢?作为班主任怎样做才能转化他们,真正改变他们落后的面貌呢?只有及时发现问题,分析原因,寻找方法,采用灵活的方式加以指导,才能让他们有所提高。因此,班主任要找准切入点,耐心对后进生进行转化,才能促进学生健康成长。

帮助学生树立自信心

自信心,是一种反映个体对自己是否有能力成功地完成某项活动的信任程度的心理特性,是一种积极、有效地表达自我价值、自我尊重、自我理解的意识特征和心理状态。学习是一个循序渐进的过程,基础好的学生学起来比较省劲儿,而对于基础差的学生来说,学起来就比较吃力,当学习任务的难度加大时,他们往往就打退堂鼓。这时,就更需要老师给予学生更多的关心与帮助,帮助他们找回自信,增强他们努力学习的动力,才能促进他们提高学习成绩。

比如,我班新转入的小宋同学,他的学习基础很差,学习习惯也不好,上课经常说话,下课不停地与同学打闹,不做家庭作业。我多次对他进行说服教育,可是不见一点起色,他好像骨子里就改不了一样。后来,我采用了积极鼓励、重塑自信心的方式,起到了较好的效果。

一次,班干部告诉我,小宋又没完成作业,还和其他班级的孩子打架。下课后,我把小宋叫到讲台上,他以为我要批评他,很排斥地看着我。我弯下腰,和颜悦色地说:"孩子,老师想问你个问题,你从原来的学校转到咱们班是为什么呢?""想提高学习成绩。"小宋不假思索地说。我接着说:"这个想法很好,你看,你长得也很可爱,老师也很喜欢你,但是你经常打架、乱扔垃圾,又没有一次能认真完成作业,你说,假如你是老师,你能长期喜欢这样的同学吗?"小宋听了,不好意思地低下了头。见他有所认识,我转而鼓励他说:"其实,老师一看就知道你是个聪明懂事的好孩子,你想不想成为好学生呢?"听了我的话,他的脸上多了一丝信任,使劲点了点头。我接着说:"老师敢保证,只要你上课认真听课,下课把老师布置的作业认真完成,你一定能学习好,相信老师的话吗?""相信!"小宋肯定地点点头。我抚摸着小宋的头说:"好样的,老师更相信你,那就等你的好消息吧。"小宋一脸自信,一脸轻松,一脸高兴地回去了。

从此以后,小宋变得越来越自信了,他上课写字时不再偷偷地观察老师有没有看他,而是能专心地在那里干该干的事了,他的家庭作业一次比一次做得好。现在,同学们和老师们都夸小宋像变了一个人似的,在学习、纪律、卫生等方面发生了翻天覆地的变化。期末检测时,小宋居然考出了九十分的好成绩,连我也惊叹小宋同学取得的巨大进步。

给学生创造锻炼的机会

班级里有个别的后进生不善于说话,不善于表现,更不会调皮,看上去给人的感觉比较木讷,教师对这类学生要多加留心、多加锻炼,才能改变他们。

我班的小坤同学就是这样一个孩子,他平时不声不响,有时叫他读课文他却怎么都不张嘴,我也只好让他坐下,其他任课老师都给我反映小坤接受问题太慢。不过,我始终相信小坤不是个笨孩子,他只是性格内向,不愿表现自己而已,但是如果长期这样下去,他一定会越来越自卑,也一定会越来越落后的。怎样才能改变小坤呢?我决定给孩子增加锻炼的机会,通过锻炼的方式转化孩子。

一次,我把小坤请到我的办公室,耐心地说:"小坤,你看你一直不说话,不回答问题,但是,颜老师一直认为你是个聪明能干的孩子。可是光我知道不行,你应该让大家都知道你很聪明,尤其是该你回答问题的时候一定要回答,好吗?"小坤不说话,我说:"你不说,就代表你答应了,加油!"后来,有一次课堂上又轮到小坤来回答问题了,他还是不张嘴,只是紧张地看着我,我耐心地等待着他,并鼓励他说:"没关系,老师相信你会回答好的。"他还是不说话,只是看着我,我知道,如果我这次不给他留时间,他下次还是不会开口。我耐心地等着他回答。同学们也都着急地说:"说呀,说呀。"我用鼓励的眼神看着小坤说:"小坤,同学们都回答了,你一定要回答完才能坐下,老师相信你。"最后,小坤见我那么坚持,只好简单地回答了,同学们不约而同地把最热烈的掌声送给了他。我故意大声夸他:"看小坤回答得多好,同学们也都觉得你回答得好,真棒!希望你下次自己积极举手回答问题,好吗?"小坤干脆地说:"好!"从此,回答问题对小坤来说不是什么难事了,他渐渐变得开朗了。

听他妈妈说,小坤在家学习也主动多了,说孩子特别喜欢老师,只要是老师说的,就像圣旨一样,绝对认真去做。其他任课老师也夸小坤越来越活泼了,小坤的学习成绩也有了很大的提高。

帮助学生养成良好的习惯

有些学生落后的原因主要是他们的学习习惯不好,平时不按要求预习,不认真听讲,不按时完成作业等,要想改变他们就得一步一步来,在课下要经常和他们谈心,增进感情,首先让他们愿意接受我们的教育,养成良好的习惯。

我班的小明同学就是这样一个学生,他是个非常聪明的孩子,平时喜欢研究小昆虫,喜欢做手工,喜欢看课外书。可是,他就是不认真听讲,不按时完成作业,他的学习习惯特别不好。怎样让他养成良好的习惯呢?

首先,从课堂听课习惯抓起。我经常采用不同的方式提醒小明注意认真听讲,或者直接提醒,或者用一个眼神提醒,或者拍拍他的肩膀,或者到他跟前站一站,总之能用的办法都试试。每次只要小明能坚持认真听讲五分钟,积极举手发言一次,我都对他进行表扬,以此鼓励他养成认真听课的习惯。

然后,用奖励的方式引导孩子。在老师讲完课进行课堂练习时,小明总是不慌不忙,只见他一会儿找钢笔,一会儿找本子,等他找到了,又磨磨蹭蹭,东瞧西望,总之是不想写,等老师一再提醒,他才拿起笔要写,这时,其他的学生早把作业写完了。为了让他改变这一毛病,我专门把他叫到办公室,和颜悦色地说:"老师看你上课听讲很认真,把这个本子奖励给你,以后,你上课前先把这个本子打开放在课桌上做好准备,等课堂上需要时接着拿来写作业,老师希望你能在老师布置完作业后接着就开始好好写字,这样能提高你写作业的速度,好吗?"小明高兴地点点头。

后来,每次课堂练习时,他都能快速开始写作业。我也时时关注他,给他指点,给他鼓励。慢慢地,他写作业越来越认真了,家庭作业也能按时完成了,字也越来越漂亮了,成绩也提高了很多。可见,教师注重学生习惯的培养有多么重要。

引导家长正确教育孩子

家庭环境对孩子的生活习惯、学习习惯、学习态度影响是巨大的。有相当一部分后进生是家庭环境造成的,有的家长对孩子的学习不够重视,平时对孩子的学习不管不顾,这样,容易造成孩子对学习也不重视,他们的成绩自然落后;有的家长对孩子的学习忽冷忽热没有规律,这样造成孩子的学习也是忽好忽差,久而久之,变落后了;有的家长对孩子比较溺爱,缺乏规矩意识,造成孩子在学习上也没有规矩,上课坐不住,作业完不成,不能吃苦,不爱动脑。作为班主任,要针对不同学生的不同问题,认真分析原因,积极寻找方法,主动与家长沟通,引导家长为孩子创造良好的家庭环境,并积极与老师配合,更好地教育孩子,为他们下一步的学习、生活打好坚实的基础。

我班的小科同学就是一个处在家长比较溺爱的环境中的孩子,他上课总是调皮捣乱,不但自己学不好,还影响周围的同学,其他任课老师经常向我反映他的情况;这个孩子平时上课随便离开座位,下课爱打爱闹,经常搞恶作剧;他的作业就更不用说了,字迹十分潦草,经常不能按时完成作业。这样的孩子虽然老师没少费心,但是收效却不明显。同学们也经常向我告状说他总是随便打人,有时还用沙子乱扔同学,有些家长也多次向我告状,说他欺负别的孩子。说心里话,这真是一个特别难管的孩子,我没少费心,找孩子谈话、批评教育、积极鼓励等多种方法都不见效。是什么原因导致小科这样不服从教育呢?看来,必须要找到孩子问题的根源,才能对他进行有效的教育。

我找孩子的家长进行沟通,在与家长沟通孩子情况时,我发现这个孩子根本没有规矩意识,他一会儿拉着大人的手撒娇,一会儿藏到大人的后面玩捉迷藏,而家长边和孩子玩,边和老师交流。家长并没有意识到自己的问题,孩子已经上四年级了,还不知道与人交流时的规矩,而且,我还了解到,孩子的爸爸妈妈工作忙,疏于对孩子的管理,孩子完全由爷爷奶奶管,但是爷爷奶奶又比较溺爱孩子,根本管不了,长此以往,造成孩子天不怕地不怕的性格。有时候他奶奶不给他买他想要的玩具,他还打奶奶。了解到孩子的情况以后,我劝家长一定要引起重视,孩子毕竟已经是四年级的学生了,再不管教就迟了,家长也表示同意。我又向孩子的家长建议,孩子尽量由父母抽出时间来管教,并且要和家中的老人商量好,有些原则性的问题,家长必须要坚持,比如像孩子打大人这种情况,家长一定坚决制止、严厉批评,决不能毫无底线,一定要让孩子有规矩意识,这样孩子才能改掉坏毛病,才能向好的方向发展。我在学校也进一步耐心引导教育孩子,经常和孩子谈心,关注孩子的动向,孩子有了点滴进步及时表扬。经过一段时间的配合教育,孩子慢慢有了转变,他不再随便打人骂人了,并且逐渐把精力用在了学习上,期末检测的时候,孩子各科成绩都达到了优秀。很多老师和家长都很惊讶,没想到这样一个"调皮大王"能发生这样大的转变。

李镇西老师曾说:"教育每天都充满悬念,后进生成就一个名师。"可见后进生工作的重要性、长期性、反复性,班主任一定要多一些耐心和爱心,找出后进生落后的原因,并根据后进生的特点,多采用积极有效的方法,慢慢改变他们的态度,让后进生找回自信,养成良好的学习习惯。班主任还要经常与其他任课老师沟通,与家长交流,多方合力,相信只要我们付出爱心和努力,一定能帮后进生找回自信心,改变他们落后的现状,从而提高他们的学习成绩,促进他们的全面发展,切实提高他们的综合素养。

用心浇灌　收获幸福

用心沟通　用爱原谅

沟通,是不同的行为主体通过各种载体实现信息的双向流动,形成行为主体的感知,以达到特定目标的行为过程。人与人之间的相处,最宝贵的是真诚、信任和尊重,而这一切的桥梁就是沟通。班主任在日常工作中经常会遇到学生出现这样那样的问题,我们要真诚地用心与学生交流,并善于把出现的问题当成教育的契机,用爱原谅学生,那么,我们的班主任工作一定会做得更好。

那是一个星期二的大课间,我上完课坐在办公室刚喝了口水,小明就急匆匆地来报告:"老师,王童折树枝。"我急忙问:"你看清楚了吗?我们昨天班会课不是刚讲过要爱护公物、爱护花草树木吗?""老师,真是王童折的树枝,一个很大的树枝。"我一听顿时有些生气,心想:"这个王童成绩不好,还总是惹是生非,真不让人省心。现在正是春天,我昨天班会课刚进行了'爱护花草树木'的主题教育活动,他今天就给我来了个明知故犯,这不是把老师的话当成耳旁风吗?我要问问他为什么这么做,而且要狠狠地批评他一顿。"

我对小明说:"请你把王童叫到我办公室里来。"小明应声而去。

不一会儿,王童来到了我的办公室门口,小声喊了"报告",手里还拿着一枝刚刚折断的鲜嫩的大树枝,我一看,顿时火冒三丈。我原以为王童是为了好玩折断小枝条,没想到竟是这么大的一个树枝。但是,我转念一想,他毕竟只是二年级的小学生,犯错也是在所难免。

我问王童："王童，说说你为什么折树枝？"

王童理直气壮地说："老师，是江宏让我折的。"

怪不得，他一个人应该没有这个胆量，两个孩子就是胆大、敢作，才导致他们都不计后果，忘记了老师的教育而折断树枝。我的气消了一半，心想，幸亏我没有不分青红皂白去批评他。

于是，我开始耐心教育他："王童，老师昨天刚讲过，春天到了，树木都发出了新芽，老师讲过，同学们都不要折树枝，那你为什么不听呢？你这样做对吗？"

王童真诚地摇摇头说："老师，不对，我改！"看着他一脸悔过的样子，我还能说什么呢？我从心里原谅了这个知错就改的好孩子。

"那好，你把江宏喊来，你也再过来。"我想，我应该继续对江宏进行爱护树木的教育，让他也要认识到自己的错误，今后不要再折树枝。

不一会儿，江宏来到了我的办公室。我不留情面地批评江宏："江宏，你为什么让王童折树枝？"

江宏理直气壮地说："老师，我没让他折，是他自己折的。"

"还不说实话，王童说是你让他折的。"我有些生气地说。

"老师，我真没有让王童折，是他自己折的。"江宏一脸委屈，几乎要哭了。

看他一脸无辜的样子，我又问王童："王童，到底是你自己折的树枝，还是江宏让你折的？"

王童不好意思地低下头，小声说："老师，是我自己折的。"

听到王童前后不到两分钟就给了截然相反的两种说法，我真想狠狠地批评他一顿，或者马上给他的家长打电话，我要问问他们是怎么教育孩子的，说谎话竟然脸都不红，还理直气壮。我刚要拨电话，可是转念一想，王童毕竟是一个还不到八岁的孩子，孩子哪有不犯错误的。他们这个年龄的孩子犯了错误就想找借口逃避，也是一种不正确的自我保护意识在作怪吧。如果这个时候我把他的家长喊来，在气头上处理问题的结果也一定不会太好。我想,再纠缠王童为什么折树枝,为什么自己折树枝还要赖别人,显然都是徒劳的。我索性给王童一个台阶下,也给自己一个台阶下。

我的语气平和了许多:"王童,你认为你今天有错吗?"

"老师,我有错。"王童似乎松了一口气。

"那你错在哪里呢?"我进一步教导他。

"老师,我不该折树枝。"王童也认识到折树枝是错误的。

我又进一步引导他:"还有吗?"

我知道王童赖别人不对,胡乱把自己的错误强加到别人身上,自己倒是一身轻,老师要是不进一步了解情况,他尝到了甜头今后还会继续错下去的。

王童想了一会儿,又看看江宏,小声说:"老师,我不该把自己的错推到江宏身上。"

看到王童有所认识,我抚摸着他的头进一步开导他:"孩子,你对自己的问题有所认识,说明你有进步。是呀,老师讲过要爱护花草树木,但更要做一个诚实的好孩子。老师今天就不在全班同学面前批评你了,但你要改正错误,要做一个让老师们喜欢的好孩子,要做一个让同学们信任的好同学。"王童使劲地点点头。

我转而对江宏说:"你真是个好孩子,不但自己不折树枝,还主动提醒其他同学不折树枝,王童也认识到自己的错误了,你能原谅他吗?你们俩握握手吧。"王童和江宏友好地握了握手,他们又和好如初。

后来,王童变得爱护公物了,他还经常主动帮其他组的同学擦黑板、浇花,主动提醒其他同学不要踩踏草坪,要爱护花草树木。我想,幸亏我当时没有狠狠批评王童,巧妙处理远比简单批评要好得多。

正如教育家苏霍姆林斯基所说:"教师的言语是一种什么也代替不了的影响学生心灵的工具。教育的艺术首先包括说话的艺术,同人心交流的艺术。"看来,班主任在处理问题时要用心与学生沟通交流,全面了解情况,用爱原谅,才能真正走进学生的内心,助力学生成长。

第一章 爱心教育

教育即爱

苏霍姆林斯基说:"没有爱,就没有教育。"读完苏霍姆林斯基的这则小故事,我更坚信这次培训中的学习所得:教育教学的首要原则是"充分理解并尊重学生",理解是教育的基础,如果你都不理解他,你怎么能教育他呢?而这一切又根植于爱。在今后的学科教育中,我们应该以此为鉴,一切以爱为出发点。

爱学生是教育的根本。文章中讲到这样一个故事:麦克劳德非常幸运地遇上了一位真正既懂得教育又非常有爱心的校长,正是因为有一颗真正的爱心,当麦克劳德把校长心爱的小狗杀了时,校长冷静下来,对麦克劳德杀狗的目的进行了了解——原来,麦克劳德对动物非常好奇,特别想知道狗的内脏到底是什么样的。这才导致终于有一天,好奇心促使他将校长心爱的小狗杀了看个究竟。如果没有一颗真正的爱心,我们也许永远不知道麦克劳德对动物那么好奇,那么想知道狗的内脏到底怎么长的,也许一位伟大的科学家就会被扼杀在摇篮里。

爱是培养人才的基石。尤其是文中讲到,经过反复考虑,校长要求麦克劳德解剖小狗后,画出一幅骨骼图和一幅血液图。与其说是校长对孩子的惩罚,不如说是校长对人才的爱护。麦克劳德对动物那么好奇,那么想知道狗的内脏到底怎么长的,又那么执着地将校长的小狗杀了想看个究竟,这不正是难得的科学研究精神吗?校长机智地让麦克劳德画出一幅骨骼图和一幅血液图,可见校长懂得如何教育孩子,如何把孩子培养成人才。这无疑进

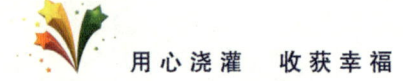

一步激发了麦克劳德的科学研究兴趣,促使他出色地完成了任务。多年后,麦克劳德成为有名的生理学家,还获得了诺贝尔医学奖。这样的教育才是真正的教育,才能更好地促进学生的成长、成才。

爱是多角度的关注。既然校长是这么有爱心又这么会教育,我相信这个故事远远没有结束,他一定还对孩子进行了其他的教育和引导:比如,我们要尊重所有的生命,不可随意杀害;搞实验研究是非常好的想法,我们可以用专供实验研究的实验小白鼠、实验狗等。我也相信,在以后的日子中,校长一定还会不断关注着麦克劳德的成长。后来,麦克劳德完成的骨骼图和血液图被收藏于英国亚皮丹博物馆,这也是对校长善于教育、保护学生的崇高精神的赞美。

在课堂上,我们也经常会遇到这样的问题,当我们正讲解得兴致勃勃时,往往有同学自顾自地交流,或是在课本上画起了漫画,或描绘起了插图,我们也应该本着尊重学生的根本原则,呵护学生的好奇心与求知欲,并给予适时的、有针对性的指导,或与家长沟通进行相应的培养,也许我们的班里会出现有名的漫画家、有名的演说家、著名的小说家等。

总之,我们要爱学生,要尊重学生,努力提高自己的教育教学水平。

第二章 班级管理

班级管理对于学校管理工作来说是非常重要的,它是一个动态的管理过程。班级管理工作看似简单,其实是一项非常复杂的工作,要求班主任和各科任课教师根据一定的教育目的,采用有效的管理手段组织、管理全班学生,以实现教育教学目标。我们总是会欣赏这样的班级:班级内所有的学生都能对人有礼貌;上课时遵守纪律,积极思考,积极举手发言,思维活跃,学习效率高,成绩突出;下课后积极参加活动、游戏、交流等,并且井然有序。如果每个班级都是如此,学校管理工作自然高效,家庭和社会自然满意。当然,这就需要班主任在进行班级管理工作时要根据班级的特点,采用灵活有效的方式方法,进行科学管理。

用心浇灌　收获幸福

班主任要做班级的领头雁

班主任是一个班级的排头兵,在班级工作中不仅要教书更要育人,鉴于班主任工作的特殊性,班主任在教书育人的过程中要重视方式方法,更应该多一份责任心与爱心。在班级工作中,我始终坚持"以爱为基石,以生为根本"的班主任工作准则,努力做一名学生心目中的好班主任,带领自己的班级在学习、纪律、卫生以及各项比赛中取得比较优异的成绩,让班集体的每一位成员在德、智、体、美各方面都能得到均衡发展。然而在实际工作中,班主任的工作却是说起来容易做起来难。那么,班主任究竟如何做才能引领自己的班级积极向上、健康发展呢?这就需要班主任多管齐下,做真正的班级领头雁。

提高班级管理素养

不断学习,不断更新教育观念,努力提高自身的班级管理素养是做好班主任工作的关键。班主任工作比较琐碎,学生的事都是小事,又都是大事,想不到不行,做不到更不行。如何才能更好地做好这些工作呢?这就需要不断学习,不断请教,才能更好地带好学生,做好班主任工作。首先,班主任要深入学习贯彻习近平新时代中国特色社会主义思想,要认真学习贯彻党的教育方针政策。其次,班主任还要积极学习有关班主任的论著,如魏书生的《班主任工作漫谈》,苏霍姆林斯基的《怎样培养真正的人》《给教师的100

条建议》《我把心献给孩子》,意大利作家埃迪蒙托·德·亚米契斯创作的《爱的教育》等。通过认真学习,我逐渐懂得了如何培养得力的班干部,如何建立一个民主、自信、团结的班集体,如何培养学生的自信心,如何协调与家长的关系等。通过学习,我的班级管理能力提高了,更懂得了管理好一个班集体的重要性。学生成长于斯,变化于斯,一个学生能否掌握本领、健康成长与其所在的班级密不可分。班级像一座长长的桥,通过它,学生会一步一步跨向理想的彼岸。因此,我针对我班的具体情况,制订出切实可行的计划,逐步落实到日常的班级工作中。我还注重尊重学生,发扬教育民主,努力形成良好的班风,使学生在良好的氛围中养成良好的行为习惯。

真心关爱每一位学生

班主任做好班级工作的核心是要用自己的爱心去真正关心每一位学生,不管他们是否优秀,这样才能赢得每一位学生对老师的认可,从而进一步搞好班主任工作。但是,我们说爱学生容易,真正做起来却也不是一件容易的事情,因为有的学生经常会犯这样那样的错误,更让人费心的是,有的同学根本听不进老师的教育,这就更需要我们用真心来爱学生,用适当的方法来管好学生。

一是对小学高年级学生的教育要注重委婉。班主任在对犯错的小学高年级学生进行教育时,千万不要只凭一片好心直接批评学生,说话一定不能过于直接。因为如果班主任直接批评学生,虽然能够让学生明确知道自己错在哪里,但是毕竟孩子年龄大了,有时比较要面子,已经不再像以前一样对老师的批评教育具有绝对的服从意识了。因此,班主任在针对学生问题的处理上,一定要灵活,让学生既能感觉到老师对他们的爱,发挥学生的自主教育意识,又能让学生知道班主任不是真的不管他们,而是相信他们有自己管理好自己的能力。班主任还要做到以理服人,让学生真正意识到自己错了,并给孩子留下改正的机会,这样的教育效果比较明显。

二是对小学低年级学生的要求要明确到位。教师对学生的要求明确到位能让学生明确知道自己要怎样做。对于低年级的同学来说，教师切不可因为孩子年龄小，就对他们降低要求，更不能无限降低。比如，学生刚入学时，有的学生上课时回答问题的声音比较小，我就以为学生有可能本来声音就小，如果强硬地要求学生大声回答问题会让学生为难，因此放松了对学生的要求。但是，时间长了，其他学生反而也受影响，声音变得一个比一个小，而在课下游戏时，他们的声音又比谁都响亮，看来是我对他们的要求不合适。在我逐步对学生重新提出上课回答问题声音要洪亮的严格要求后，学生很快能够调整好自己，上课读书、回答问题声音洪亮了，思维也活跃了很多。可见教师要求明确的重要性。

三是对违反错误的同学指向要更加明确。比如，有的同学上课违反纪律，我提醒他们的时候总是委婉地告诉他们，"有个别同学没有认真听课，老师希望你认真听课"，"现在还有一位同学没认真写，请你马上认真写"。以前我总认为这样的提醒可以保护学生的自尊心。但是，我发现我这样说的时候，违反纪律的同学并不能真正改正，好像我说的与他无关一样。后来有些家长跟我交流的时候也说，小孩子该点名的时候还得点名，不然他好像不知道说的是他自己，因为低年级的学生还不太知道要面子。后来我试着改变做法，发现直接给他们指出错误他们反而能快速改正。

看来，班主任在对学生进行教育时，一定要针对学生的不同年龄、不同特点，采取合理的管理方法，才能收到最佳的管理效果。

放大学生的优点

在小学生的心目中，老师是有绝对权威的。班主任要博得同学们的信任并不难，只要真正对每一位学生多一些关心，放大学生的优点，缩小学生的缺点，就会收到意想不到的效果。班主任要牢记学生的事情无小事，比如，没有完成作业、上课调皮、偷拿了别人的东西等，只要是学生所犯的错误，班主任应该放平心态,正确对待学生成长过程中所犯的这样那样的错误。试想一下,我们大人也会经常犯下各种错误,又何必强求我们的孩子不犯错误呢?有了这样一颗平常心,当你再面对孩子的错误时,就不会觉得他们的错误有多么严重、多么不可原谅。其实,学生犯了错误,他们也会自知理亏。如果班主任能针对问题对他们多一些包容和理解,他们反而会更能认识到错误并积极改正,这样,班主任也就不会把自己放在学生的对立面,反而能保持一个良好的心态,进而达到我们的教育目的。

为孩子创造锻炼的机会

班主任积极为孩子创造锻炼的机会,对于学生的成长会有很大的帮助。因此,为了给更多学生创造锻炼的机会,我把学校组织的每一次活动都作为契机,让更多的学生参与活动,让学生在锻炼中成长。比如,一次"六一文娱会演"的活动,我力争让更多的学生参与到活动中来,便与家长委员会的成员商议节目的形式,最后将节目定为时装秀,只要想参加的同学都可以报名,结果学生的热情空前高涨。不过,在节目排练过程中也遇到了很多想不到的问题,排练老师想去掉一部分学生。我思前想后,还是耐心与家长、与指导老师沟通,自己也尽量抽出时间盯着学生训练,最终,我们没有舍弃一位同学,节目获得了领导及观众的认可。同学们通过参加节目不但得到了锻炼,能力得到了提升,更重要的是同学们的自信心大大增强,为他们下一步的成长奠定了基础。

与家长形成合力进行教育

要想搞好班级工作,那么,班主任的工作就不应仅仅局限在班级内、学校内,还要延伸到校外及学生的家庭。这就需要班主任要多和家长沟通,才有利于学生的进步。比如,我带的班级是从三年级带上来的班,学生三到五

用心浇灌　收获幸福

年级是一天比一天好带,因为大家彼此都比较熟悉了,也习惯了,所以老师也感觉越带越顺当。然而到了六年级,学生由于生理、心理等发生了不同程度的变化,他们的思想逐渐复杂了,同学之间的各种矛盾日益增多,琐碎的事情也就多了起来,着实让老师头疼。比如,我班几位成绩特别好的孩子,最近一段时间却总是不把注意力放到学习上,传起了纸条。家长知道情况后惊慌失措,如临大敌。面对这样的问题,我陷入了思考,这个问题到底应该是热处理还是冷处理呢?后来,我又查阅了一些资料,咨询了有经验的老师,决定对待这个问题采取冷处理的方法,这样不至于对孩子造成心理上的负担。但是,冷处理并不是不处理,过了一段时间后,我精心给孩子们准备了一节青春期教育课,并结合自己的经验特点,帮助学生解除心理上的压力与恐惧,让学生在轻松的氛围中不断进行自我调整,我随时跟进、引导学生,帮助学生树立远大的理想和目标。通过这样的方式,学生早恋的苗头被引上了"健康"的轨道。

正如陶行知所说:"真教育是心心相印的活动,唯独从心里发出来,才能打动心灵的深处。"班主任是一个班级的灵魂,作为班主任,应该不断学习,不断探索适合所教年级学生的教育教学方法,在工作中形成自己独特的教育风格。班主任心中要时刻装着学生,以真心换真心,培养学生的能力,激发学生的创造力,取得最佳的教育效果,为学生的明天打好坚实的基础。

为孩子做好入学准备

由幼儿园步入小学是孩子一生中的重要转折点。孩子在幼儿园时,主要以游戏活动为主,通过游戏培养孩子的品格与习惯,比如玩玩具——老师会教孩子怎样玩玩具,如何保护我们手中的玩具;要善于将玩具与小伙伴分享;玩具用完后要学会及时整理。孩子入学后就要以学习为主要内容,而由游戏活动转入学习活动,对于孩子来说是一次严峻的考验。因为新的环境、新的生活、新的老师和新的伙伴都需要他们逐步熟悉、逐步适应。孩子进入小学后能否很快地适应学校生活,能否如我们所期待的——乐于与老师交流,与同学友好相处,每天高高兴兴地学习呢?关键要看我们家长能否利用这个假期,帮助我们的孩子顺利地度过由幼儿园到小学这个重要的转折期。我们需要做好哪些方面的准备工作才能让我们的孩子扬帆起航,开启小学阶段快乐的生活,并健康成长呢?

现主要结合孩子刚入学时需要注意的一些情况,就假期里需要家长为孩子做的准备工作以及需要帮助孩子养成的习惯等方面谈以下几点。

做好心理上的准备

由于孩子们出生年月不同,入学后,有的孩子与别的孩子相比甚至相差一岁。对于这个年龄阶段的孩子来讲,这个年龄差距,会造成孩子的心理年龄自然不一致,有的孩子即使是同年同月出生,心理年龄发育也不尽相同。

所以，我们会看到，有的孩子上学后整天乐呵呵的，学习积极性很高；有的孩子则不喜欢学校，不喜欢新的老师和同学。曾经有这样的孩子，开学一周了，每天一去上学就哭，怎么都不愿进教室。因此，作为家长，我们要提前做好正面的引导，让孩子做好入学前的心理准备。

一是激发孩子上学的兴趣。家长要让孩子感觉到上学是非常高兴、非常自豪的事情。首先，家长可以通过语言激励孩子。比如，"你马上就是一名光荣的小学生了，我们真为你高兴，""小学里的老师会教给很多有趣的新知识，你会学到新的本领，让自己变得更聪明，懂得更多的道理，多开心呀"。这样一来，孩子就会对小学生活充满憧憬，他们就会盼着上学。然后，家长可以举行庆祝仪式。家长可以在孩子入学前，和家人或朋友一起为孩子举行一个小小的庆祝活动，让孩子觉得上学是一件值得庆祝、令人兴奋的事情。其次，家长还可以利用假期带领孩子参观学校，让孩子提前熟悉学校环境，避免孩子开学后因对学校陌生而产生畏惧感。

二是家长要引导孩子懂得学校的一些规范要求。首先，家长要让孩子懂得在学校的学习与幼儿园的游戏不同，在课堂上要专心听老师讲课，认真思考，积极举手发言，想玩要等到课下再玩。上学后学习是重要的任务，要按照老师的要求完成学习任务。家长还可以给孩子讲讲自己小时候是怎样学习的，以及所认识的亲戚、朋友认真学习的事例，给孩子树立榜样。然后，家长还要教育孩子要关心集体、关心他人，同学之间要团结友爱，要正确对待集体生活中可能遇到的各种问题，鼓励孩子争取在班集体内成为一个受欢迎的人。这样，孩子才会对集体生活、对老师、对同学和学校产生美好的向往和期待。

三是家长要为孩子准备安静整洁的学习环境。条件允许的话，家长可以为孩子准备单独的学习书房，房间要整洁有序，这样也有利于孩子在心理上对学校产生向往。孩子的一些玩具最好不要放在书房，避免这些玩具对孩子的学习造成干扰。

孩子是否能很快地适应学校生活，在很大程度上取决于父母对孩子的引导和教育。只要家长让孩子在心理上有充分的准备,孩子上学就不会害怕,就能为孩子的学习、生活打下稳固的基础。

教孩子正确选用学习用品

假期中,家长需要为孩子准备好学习用品,主要有书包、铅笔盒、铅笔、削笔器、尺子、橡皮、油画棒、练习本(包括汉语拼音本、田字格等)。家长最好带着孩子一块来购买,目的是指导孩子正确购买学习用品,要求安全、实用,切忌花里胡哨、夸张、张扬,因为花哨的学习用品的确很容易分散孩子的注意力,比如,有的女生会玩铅笔盒上的小装饰,男生会拿铅笔盒当小汽车开着玩。孩子如果非想买,家长要耐心给孩子讲清楚不能买的道理。

学习用品买来后,家长还要教给孩子各种学习用具的用途和正确的使用方法:比如橡皮的用法,不能过于使用橡皮,平时写字时,应该要想好了再写,尽量摆脱对橡皮的依赖。需要注意的是,孩子上学时所带学习用品不要太多,比如,削笔器最好不要让孩子带到学校,家长给孩子每天削好三四支铅笔带好就可以了,铅笔以 HB 为宜,刚入学的孩子不宜使用 2H 或 2B 的铅笔。

家长还要教育孩子爱护学习用品,尤其是刚开学的时候,有的孩子总是拿铅笔戳橡皮玩,好好的一块橡皮上面戳得满是黑孔。有时老师能发现,及时制止还好,有时发现不了,非常影响孩子的听课效率,时间长了,孩子的学习就会落下。所以,教育孩子爱护学习用品非常关键。

家长还要教育孩子学会整理学习用品,用完学习用品后要放回原处,比如,铅笔要放到铅笔盒里,这样能对铅笔起到很好的保护作用。有的孩子习惯不好,铅笔用完后到处扔,掉到地上不知道找,找到了也是摔断的;当老师让写作业的时候,有的孩子半天找不到铅笔,有时即使找到了也是断掉的,这样就造成孩子写作业的速度慢、效率低,而其他整理学习用品利索的孩子就写得快、效率高,时间长了就会产生一定的差距。比如,老师课上讲完新课,让学生写课堂作业,速度快的同学很快就做完了,老师再给他们布置一项作业又做完了,但是,速度慢的同学第一项作业还没做完,这也是影响整个课堂教学进度的大问题。所以,家长朋友要引起重视,利用假期,帮助孩子养成做事要有条理、速度快的好习惯,以便提高孩子的学习效率。

如果孩子养成做事有序、节奏要快的习惯,学习效率明显就能提高。这一点等孩子入学后,家长的体会会更深。比如,下午放学后,有的孩子课堂作业已经完成,孩子就可以做其他喜欢的事情,有的孩子课堂作业完不成,回家还要再做作业。如果继续下去,到了中年级,老师布置一样的作业,有的孩子20分钟做完,有的孩子半小时做完,有的孩子甚至一小时都不能做完,这样的孩子就没有玩的时间,没有做自己喜欢的事情的时间,久而久之,孩子就会做事拖拖拉拉,造成学习成绩上不去,缺乏自信心。

做好学习知识的准备

有些家长怕孩子上小学跟不上就提前把一年级课本内容教给孩子,这种做法是不可取的。因为有些知识看着简单,但是怎样学习这些知识是需要一定的方法的,比如数学,有的家长在孩子没上学前就教给孩子二十以内的加减法,可是方法不科学,就不利于孩子的数学思维的发展。当然,这不是说一点知识也不教给孩子,入学前,家长应该让孩子知道父母的姓名、工作单位、家庭住址、电话号码等,教孩子学会写自己的名字等。那么究竟怎样帮孩子做好学习知识的准备呢?

一是让孩子养成做事专注、认真倾听的习惯。有些孩子在这一点上习惯非常不好,这也是近几年所反映出来的共性问题,比如,有的孩子聪明、懂事,可是就听课效果不佳,其中主要的原因是孩子们不能专注、不会倾听,有些孩子听课时边玩边学,不能认真地做一件事情,造成学习效率低。有的家长可能认为这是老师的事情,上学后再养成好习惯也不迟。其实不是这样的,有些习惯一旦在家里养成了,到学校就很难改。比如,有的家长比较溺爱孩子,孩子边吃饭边看电视、边吃饭边玩耍;或者孩子边跑家长边喂、边看电视边喂;或者是边玩玩具边喂,这都不利于孩子专注习惯的养成。表现在课堂上就是,有的孩子边玩学习用品边听,或者想说就说,想玩就玩,老师要花费很多时间提醒孩子认真听讲,可是有的孩子就是做不到。比如,孩子的练习册有错,老师重点讲出错的地方,告诉孩子这里错了要改正过来,但是,练习册改完交上后,仍然有不少同学没有改错,这就可见孩子听课的效果。因此,养成做事专注、认真倾听的习惯多么重要。

二是注意让孩子掌握正确的握笔姿势。掌握正确的握笔姿势对孩子的学习非常重要。现在的孩子拿笔早,还没上幼儿园就会拿笔画画,但不正确的握笔姿势会造成写字慢、写出的字歪歪扭扭。孩子不好的握笔姿势一旦养成,老师再费力也很难纠正。所以,孩子如果握笔姿势不正确,家长要利用假期尽量纠正。

培养良好的生活习惯

一是养成良好的作息习惯。良好的作息习惯能促进孩子身体发育,家长要注意培养,督促孩子每天早睡早起,按时午休,保证孩子精力充沛。家长还要与孩子商量一些活动的时间安排,如游戏时间、家务劳动时间等,做到动静搭配,使孩子每天的生活富有节奏。

二是培养孩子活动的坚持性。孩子上小学后,无论是听课还是做作业,很大程度上需要较强的坚持性。家长可以有意识地延长孩子一项活动的时间,对孩子借口不感兴趣而频繁变换活动内容的现象,家长要有意识地引导孩子坚持做完一件事再做下一件事,这样做,有利于孩子上学后在课堂上能坚持时间久些,提高学习效率。

三是提高生活自理能力。自理能力在孩子的成长中尤为重要,父母要学会放手,比如,让孩子自己穿脱衣服、系鞋带、简单整理自己的房间、扫地等。自理能力强的孩子,上学后他们在学习上也会自己安排自己的学习事宜,比如,自己整理书包,自己检查作业等,这样,他们就会把学习当成自己的事情。

总之,家长要利用假期帮助孩子做好充分的准备工作,才能让孩子更好地由幼儿园过渡到小学。

低年级班级管理之我见

低年级作为小学的初始阶段,极具特殊性。由于学生年龄小,他们对学校生活相对陌生,各方面的行为习惯都处于养成的初级阶段,担负着为中高年级打基础的任务。因此,低年级的班主任在进行班级工作时,更要根据低年级学生的特点以及认知规律,在教书育人的过程中不断学习,不断更新教育观念,多想办法,多一份责任心与爱心,使学生在良好的氛围中激发兴趣,养成良好的行为习惯,学会自我管理。

激发学生对学校的热爱之情

班主任要通过入学教育激发学生对学校的热爱之情,注重激发学生对学校、对班级、对课堂的兴趣,这对于学生能否很快地适应学校生活起着非常重要的作用。

一是参观校园激发热爱之情。新生入学后,我带领学生去参观学校,让他们熟悉学校的环境,感受学校的美丽,喜欢上自己的学校。然后,带孩子参观高年级的教室,了解高年级学生的学习情况,看大哥哥、大姐姐是怎样上课、读书的,让他们感受到学习是很有趣的,激发起他们的学习兴趣。

二是上好入学教育第一课。班主任要特别重视对学生进行入学教育第一课的教育工作。班主任可通过让学生认真看图片、为学生播放视频、讲故事等多种形式,让学生感受我们的祖国非常伟大,有光辉灿烂的历史,有举世闻名的万里长城、故宫等名胜古迹;还要让学生懂得他们是祖国的未来和希望,为了把我们的大家庭建设得更加美好,从小就要好好学习、天天向上。接下来,班主任可让学生说说自己为什么上学,这样,学生对学习的认识就从感性上升到理性。

三是注重激发兴趣。初入学的孩子对一切都充满好奇心,有很高的求知欲望,教师应及时抓住激发兴趣的有利机会。首先,教师要注重从自身入手,将课堂教学做到风趣幽默,尽量吸引学生的注意力。其次,年级管理要采用生动活泼、学生易于接受的教学方式组织管理学生,帮助孩子养成良好的学习习惯,掌握好的学习方法。

培养学生养成良好的习惯

良好的习惯对学生的成长极为重要,一年级是培养学生良好的行为习惯的关键时期。

一是养成遵守课堂纪律的习惯。课堂纪律是维持课堂秩序、提高教学质量的保证,教师应深刻认识到这一点。教师要对学生提出明确的课堂常规要求,特别是一年级初入学的孩子们,常常不能在每堂课开始时安静下来,总是随心所欲地做自己的事情,这就需要教师去细心地引导他们。首先在开学第一周就要教学生懂得铃声的意思,保证按时上课和下课;然后强调课堂纪律,针对低年级学生发言积极性高、爱插话的特点,教师要采用正向引导的方式教育学生懂得先举手再发言。然后,利用班会课学习《中小学生守则(2015年修订)》以及《学校规章制度》,让学生明确应该遵守哪些行为规范,提醒学生按照规范要求来做。其次,针对一年级的孩子好动、易忘的特点,教师要随时注意观察学生的行为,时常监督他们,根据学生的表现及时评价引导。教师还可以编写儿歌促进学生养成良好的习惯,如:"上课铃声响,快快进课堂。上课守纪律,坐正看前方。回答问题先站好,声音甜又亮。手不动脚不晃,比一比谁最棒。"

二是养成良好的学习习惯。首先,养成认真倾听的习惯。认真倾听是学习的基础,教师要引导学生注意听别人说话,听清楚说话的内容,记在心中,要说得出来。教师要对学生的倾听能力进行培养锻炼。如,让学生注意听老师讲了几件事,分别是什么事;接着让学生起来说出老师讲话的要点,如果学生答不出,就说明没有专心听讲。然后,养成认真读书、写字的习惯。教师要注重让学生养成正确的读书和写字姿势,每天提醒他们注意"三个一",有针对地、反复地去强调与引导。比如,针对坐、立、读书、写字等姿势,教师可以编成儿歌加以巩固:"看书写字,注意姿势,身体坐端正,眼离书一尺子,胸离桌一拳头。"这样一来学生就会逐步做到眼到、口到、心到。

三是注重文明行为习惯的养成。教师还要注重规范学生的文明行为习惯,如诚实守信、语言文明、爱护公物、不乱动别人东西、不乱扔垃圾、保持良好的卫生习惯等;生活上,引导学生养成不乱花钱、少吃零食、爱惜粮食等良好的生活习惯。

引导学生学会自我管理

自我管理,是指个体对自己本身,对自己的目标、思想、心理和行为等表现进行的管理,自己把自己组织起来,自己管理自己,自己约束自己,自己激励自己,最终实现目标的一个过程。由于低年级的小学生年龄小,他们很容易违反课堂纪律,影响课堂听课的效果,而老师一味地说教又容易引起他们的反感,怎样做才能起到好的教育的效果呢?最好的方法是让学生学会自我管理。

为了调动学生自我管理的积极性,我采用换位思考的方法让学生理解老师对他们的管理是为了他们好,比如我会让学生当小老师来管理课堂纪律。小老师往讲台上一站,在下面听课的同学顿时直起了腰,眼睛瞪得大大的,听得更认真了。一个学习过程之后,我让小老师说说自己的管理感受,小老师的感受颇多。有的说:"老师,我看到不认真听讲的同学后,我最想告诉他要认真听,因为他不听就不会。"有的说:"老师,我在讲台上当小老师,我最想让每一位同学都认真听课。"有的说:"老师,我不当小老师时一定要认真听课。"这些都是孩子们真实的感受。我总是鼓励孩子们:"你们真是一位合格的小老师。"由于是学生自己的真实感受,由于是学生说的话,其他同学都特别爱听,而且深信不疑。在接下来的班级管理中,同学们都能站到老师的位置上去想问题了,他们对自己的要求也渐渐提高,逐步学会了自我管理。当然,我的班级管理效果也就更好了,起到事半功倍的效果。

总之,班主任在对低年级学生进行管理时,一定要多多思考,多想办法,切实调动低年级学生的积极性与主动性,达到最佳教育教学效果。

用心浇灌　收获幸福

班级管理小技巧

小学生年龄小,他们十分看中老师对他们的态度,在乎老师给予的每一个微笑,在乎老师给予的每一次发言的机会,在乎老师给予的一个小小的奖励。因此,在班级管理工作中,我始终坚持"以爱为基石"的准则对待学生,尊重和珍视孩子,让每一位学生都能更喜欢老师、更喜欢学校。

巧用鼓励激发学生诚实

当孩子犯了错后,用激励的方式帮助孩子改正错误不失为一种好的方法。平时,当孩子犯错后对孩子进行批评教育,是对孩子的关爱,目的是帮助孩子认识到错误,并且改正错误。不过,我们要十分重视保护孩子的自尊心,不能只是简单地批评教育,更不能用伤害孩子自尊心的话打击孩子。

教师可以巧用鼓励激发学生诚实。比如,一次大课间,小泽报告他刚带到学校的课外书不见了,经过调查,我发现是班上的小明拿走了。可是,当我向小明了解情况时,小明却怎么也不承认。我真想批评他,可是转念一想,他爱看书本来是好习惯,我不能顾此失彼,怎样才能既让他保持爱看书的好习惯,又能认识到自己的错误呢?显然,对孩子只是一味地批评肯定不是办法。于是,我抓住小明爱看书的特点,采用鼓励的方法引导孩子认识错误。于是,我耐心引导小明:"孩子,你喜欢看书是好事,老师很喜欢爱看书的孩子,但是,老师更喜欢诚实的好孩子,如果你既爱看书,还诚实,老师会更加喜欢你的。"听了我的话,小明不好意思地低下了头。我接着鼓励他说:"小明,你好好想想,如果别人拿了你最喜欢的书,你着急吗?老师也相信你一定是个诚实的好孩子,如果你拿了小泽同学的书,就悄悄地给我,我不会给别人说的。当然,如果你犯了错能诚实地认识到自己的错误,老师会更喜欢你的。"下午,小明把书拿来悄悄交给了我,我抚摸着他的头说:"孩子,你能勇于承认自己的错误,并把书主动还回来,老师要为你点赞。"孩子害羞地低下了头。我又鼓励他说:"孩子,你喜欢看什么书?明天老师给你带来。"小明喜出望外地看着我,并告诉我他喜欢《百科全书》。第二天早上,我把我的《百科全书》带来送给了小明,小明喜出望外,他深深地给我鞠了一躬,感激地说:"老师,谢谢您,今后,我一定做一个诚实的好孩子。"我抚摸着小明的头说:"老师相信你!"

从此,小明说到做到,他变得更加诚实守信了,有一次,小明在校园里捡到一本书还主动交给了我,我从心里为孩子的进步感到高兴。看来,巧用鼓励,能够激发学生的诚实,促进学生健康成长。

运用表扬引导学生守纪

学生遵守纪律,是指学生能按照纪律规范的要求,对自身纪律行为进行的自我控制。对于学生来说,遵守纪律既是应当履行的义务,又是学生必须具备的基本素养。在课堂上,老师总是希望同学们能思维活跃,积极踊跃地回答问题,但是更要遵守纪律,才能让同学们真正达到上课的良好状态。对于小学生来说,当他们出现违反纪律的情况时,学习效率会大打折扣。那么,教师怎样做,才能更好地帮他们改掉自身毛病、遵守纪律呢?在教育教学中,适当运用表扬对促进学生守纪非常有效,不失为一个好方法。

这就需要老师能根据学生的特点适时表扬。在日常教学工作中我发现,如果教师对学生的问题只是批评、说教,他们会觉得无所谓,好像并不把老师的批评放在心上,这种批评即使有用也只是管一会儿,并不能让学生真正养成良好的遵守纪律的好习惯,往往也不能达到我们对他们的教育目的。相反,如果适时进行适度的表扬,反而能起到意想不到的效果。比如,有一次,我发现班里有的学生上课听讲不认真。我意识到越是年龄小的孩子,他们越渴望自己的行为得到别人的认可,于是,我就尽量发现他们身上细微的闪光点,然后夸张地去表扬他们,结果取得了很好的效果。他们听了老师的赞美,接下来听课越来越认真了,学习越来越努力了。长此以往,他们就会养成遵守纪律的好习惯。作为教育者,我们就要不断地发现学生身上的闪光点,挖掘他们的潜能,对学生微小的进步大加赞扬、积极引导、不断鼓励,不断让他们达到自主学习的状态,促进他们的身心得到更好的发展。

巧妙化解学生之间的矛盾

由于小学生年龄小,他们的心智尚不成熟,同学之间经常会发生各种矛盾,这些矛盾如果处理不好,有时会造成同学之间更深的误会。因此,班主任要引起重视,学会巧妙地化解学生之间的误会,解决矛盾,促进学生之间的团结友爱,有利于班级工作的顺利开展。

比如,有一次我班的李云和柳青发生了矛盾,根据多年的班主任工作经验,我很清楚,学生之间的小事情如果处理不好,也会变成同学间深深的矛盾。这样不仅影响他们之间的团结,还会影响他们的学习,甚至会影响班级的风气。于是,我找机会向同学们了解情况,弄清了她们的小误会:李云怀疑柳青给她的自行车放了气,但是柳青并没有做这件事,虽然柳青多次向李云解释,可是李云就是不依不饶。

一个大课间,我把李云找来,真诚地与她沟通。我和蔼地说:"李云,你是一个聪明的孩子,在判断问题之前要想想有什么根据,有些事情仅凭怀疑是不够的。"她仍坚持自己的看法。我又微笑着给她讲了一个"亲眼看见还有三分假"的故事。听完这个故事后,李云若有所思地点点头,我见她思想上发生了转变,又进一步引导她:"李云,你说有不犯错误的学生吗?"李云不假思索地说:"没有。""是呀,就算柳青真把你的车子放了气,怎样做才是最佳处理方法呢?""我不和她计较。""哎呀,你真棒!老师要表扬你,你真是个大度的好孩子,那你接下来该怎样做呢?""老师,我不该怀疑柳青,我要向她道歉。"见她思想上发生了彻底的转变,我抚摸着她的头说:"我就知道你是个不计较小事、明事理的好孩子!"我又和颜悦色地对柳青说:"柳青,李云认识到了自己的问题,她已经向你道歉了,你想怎么办呢?"柳青听后主动与李云握手言和。看着两个好朋友重归于好并且满脸喜悦的样子,我真为她们能消除误会而感到高兴!

俗话说:"好语一言暖人心,冷言半句寒三春。"只要我们用积极真诚的心态,用表扬鼓励的方法,用热情去对待学生,用微笑去赞美学生,相信每个学生都能健康成长,我们的教育也会开满希望之花。

作为班主任,平时要多留心观察学生,及时了解学生之间的小问题,并及时巧妙地加以引导,避免产生更深的误会,有利于学生之间关系的正常发展,有利于学生的身心健康,更有助于班级管理工作的有序开展。

明放暗不放

"明放暗不放",是指班主任在班级管理工作中,对于学生日常工作要大胆放手,让学生自己主动完成工作,但是,在实际工作中,班主任又不能完全放手,而是要悄悄管理。这样的方法有利于对学生进行能力的培养,而且又不至于让学生走偏,既能促进学生发展,又能促进班级管理工作的开展。

比如,在班级卫生工作管理中,以往的班级卫生工作我总是亲力亲为,从学生打扫卫生到做完卫生进行检查,我每次都是陪着值日生做完值日,再把各处的卫生进行仔细检查,这样就造成学生工作不主动,完全依赖老师做值日,依赖老师进行检查。可是,当老师有事没时间时,卫生效果就会出现问题,不能尽如人意了。怎样才能改变这种现状呢?我决定采用"明放暗不放"的管理方法。首先,积极发挥小组长的带头作用。我积极鼓励小组长说:"老师相信你们的能力,你们合理安排每个组员的工作,做完值日你们自己检查,老师相信你们能做好值日。不过,如果做不干净,出了问题,你们每位同学都要负责。"这样安排后,组员、组长的积极性都特别高,大多都能保质保量地完成任务。当然,我也不是完全放给学生,我还会暗中管理,等学生做完值日走了以后,再到教室进行检查。检查后,我会针对每一组的卫生情况及时进行总结,并大力表扬值日做得好的小组,这样对值日生也是一种鼓励,能促进他们继续做好值日。对于出现问题严重的小组,开始时我会提醒,但是,如果还做不好,我会及时找组长、组员分别谈话,分析原因,引导他们提高责任意识,并制定具体的工作方案。这样一来,学生就会明白:原来老师不是真的不管,反而对他们做值日的情况了如指掌,而且老师还会帮他们继续打扫做不好的地方。这样下来,他们做值日越来越认真了,责任感也更强了。

"冷处理"与"热处理"

所谓"冷处理",是指当学生之间发生矛盾或教师发现学生存在的问题时,不急于马上处理,而是暂时放一放降降温再行处理。而"热处理",则是在学生之间发生矛盾或教师发现学生存在的问题后,不拖延时间,立即着手解决。在教育教学中,教师应分析事情的轻重缓急,采取适合的处理方式,有针对性地对学生进行有效管理,促进学生的健康发展。

学生进入六年级以后,他们的自主意识增强,自我管理能力提高,尤其是当孩子到了六年级下学期以后,他们认为这是自己在小学的最后一个学期了,从心里渴望长大,更渴望自我成长,不再像以前一样对老师的教育绝对服从了。作为教师,我们应该为学生的成长与进步感到高兴,对于学生出现的这样那样的问题不要大惊小怪,在针对学生问题的处理上,我会采取"冷处理"与"热处理"相结合的方式。这样的处理方式既能够让学生感受到老师对他们的信任,又能让学生感受到老师对他们的关心,在一个宽松、充满关爱的成长环境中,更有利于问题的解决,更有利于学生的成长。

比如,针对个别女生之间闹矛盾的问题,我一般会采取"冷处理"的方式,因为学生本身也能感受到她们自己存在的问题,老师要给她们留下自我反思、自我调整的时间,这样一来,她们有时不用老师教育就能自我改正错误,而且,她们还会对老师心存感激之情,会促进她们下一步的自我成长、自我教育。对于一些学生存在的共性问题,我会采取"热处理"的方式,比如,我了解到班内一些学生玩网络游戏比较入迷,而且确实影响到学习和睡眠情况后,我采用"热处理"的方式进行处理。首先,我针对孩子们玩游戏的情况展开调查,具体了解孩子玩游戏的时间和在家的反应。接着,我在班级内召开了"合理玩游戏"的主题班会,指导孩子们正确面对游戏,并让学生交流自己玩游戏入迷带来的影响。最后,我与个别家长进行有针对性的沟通,共同引导孩子要把主要精力用于学习和锻炼身体上,杜绝学生沉迷网络游戏。经过这样的热处理,学生很快能够正确面对游戏问题,渐渐地,精力也都主要用到了学习上面,学习成绩明显提高,班级学习风气越来越浓厚。

通过"冷处理"与"热处理"相结合的方式处理学生存在的问题,能让学生懂得,教师不是真的不管他们,而是相信他们能自己处理好自己的问题。同时,对于有些问题的"热处理",可以及时把学生存在的问题适当降温。当学生认识到问题后,教师一定要给孩子留下改正的机会,留下改正的时间,不能紧紧揪住学生的问题不放,这样才能事半功倍,取得最佳的教育效果。

给学生别样的尊重

每个人都渴望获得别人的尊重,小学生也不例外,他们有自己独到的见解,有自己独特的体会,有被老师尊重的渴望。作为班主任,遇事要能站在学生的角度去想问题,能从心底尊重学生,有时是一个鼓励的眼神,有时是一个小小的赞许,有时是接受一个小小的礼物等,都是尊重学生的表现,都

用心浇灌　收获幸福

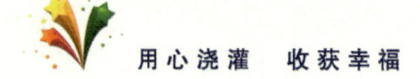

会让我们的班主任工作取得事半功倍的效果。

　　记得有一天下午放学后,我正在办公室批改作业,我们班一位平常不爱说话的男生在他同桌的陪同下来到办公室,他羞涩地低着头,怎么也不好意思开口。这时,他同桌替他说话了:"老师,小乐找你有事。"我疑惑地问:"小乐,有什么事尽管说吧。"我以为小乐是要求调座位或者有别的事情。可是,他却怎么也不说,他同桌只好又替他说话了:"老师,小乐给我了一个木手镯,他也想给你一个,可是他怕你不要,所以让我陪着来了。"说心里话,作为老师,我不能随便接受孩子的礼物。我心里犹豫着,这时,只见小乐从兜里掏出一个并不精致的木手镯,他抬起眼睛望着我,小声说:"老师,请您收下吧。"看着孩子已经涨红的小脸,我想,此时如果我拒绝孩子,也许是对孩子无情的打击,也许是对孩子诚意的不尊重。于是,我连忙站起来,边接过木手镯边用手抚摸着孩子的头说:"好孩子,谢谢你,这个手镯真漂亮,老师很喜欢。"小乐松了一口气,他的脊背好像挺得更直了,脸上露出了灿烂的笑容,他高兴地说:"老师,谢谢您!"我抚摸着孩子的头说:"小乐,老师应该谢谢你,谢谢你能想着老师,老师期待你在各方面都有更好的表现!"小乐高兴地答应了。他拉着同桌转身就跑了,好像怕我反悔似的。

　　从此以后,小乐变得开朗了许多,他上课听讲更专心了,作业也越来越认真了。尤其是他变得比以前更爱和老师交流了,总愿意把自己的事情说给我听,同学们也越来越喜欢他了。一次别样的尊重,竟变成了孩子进步、快乐的起点。

　　让我们从身边的小事入手,积极发挥自己的聪明才智,找到班级管理的小技巧,相信我们的学生会在我们细心的教育下健康茁壮成长。

教育的责任应该是唤醒
——读《平凡离伟大有多远》有感

教师在教育教学中总是会面对不同的学生,他们的认知水平、学习能力以及自身素质等方面各不相同。怎样对这些学生进行有针对性的教育呢?因材施教是教师在教育教学中经常采用的教学方法,就是在教学中,教师要根据不同学生的特点,选择适合每个学生特点的学习方法来有针对性地教学,发挥学生的长处,弥补学生的不足,激发学生学习的兴趣,树立学生学习的信心,从而最大化地开发学生的潜能,让每个学生都能得到充分发展。

《论语》中有这样一个故事。有一次,孔子讲完课,回到自己的书房,学生公西华给他端上一杯水。这时,子路匆匆走进来,大声向老师讨教:"先生,如果我听到一种正确的主张,可以立刻去做吗?"孔子看了子路一眼,慢条斯理地说:"总要问一下父亲和兄长吧,怎么能听到就去做呢?"子路刚出去,另一个学生冉有悄悄走到孔子面前,恭敬地问:"先生,我要是听到正确的主张应该立刻去做吗?"孔子马上回答:"对,应该立刻实行。"冉有走后,公西华奇怪地问:"先生,一样的问题,你的回答怎么相反呢?"孔子笑了笑说:"冉有性格谦逊,办事犹豫不决,所以我鼓励他临事果断。但子路逞强好胜,办事不周全,所以我就劝他遇事多听取别人意见,三思而行。"一样的问题,针对不同的学生来讲,答案是完全不一样的,这样做的目的是让问题得到最佳处理。

　　需要指出的是,因材施教不是将学生简单进行分类,尤其是小学生,这会直接给孩子带来不利的影响,因为学生的成长具有无限的可能性,作为教师,我们的责任是唤醒,是促进学生成长,而不是分类对待。

　　《平凡离伟大有多远》这篇文章的作者认为,"教育的责任,就是让乔木长成最好的乔木,让小草长成最好的小草"。如果单从乔木和小草的成长来看,这是最佳培植方案,可是,我们的教育对象是活泼可爱的孩子,他们有思想、有感情、有无限发展的潜力,那么,究竟要以什么样的标准把这些孩子明确划分成"乔木类"和"小草类"呢?如果真要强行把他们按照"乔木"与"小草"的类别进行划分,又有谁能保证我们划分为"小草"的学生日后不会成长为"乔木"呢?小时候的牛顿并不是个聪明伶俐的孩子,他在学校里的功课都做得很差,而且身体也不好,性格沉默,爱做白日梦,几乎没有出众之处。对于牛顿,请问老师应该把这样的孩子划为"乔木"还是"小草"呢?丘吉尔十二岁时,父亲将他送进哈罗公学,这是培养英国绅士的摇篮。因为入学考试失败,他被编在成绩最差的一个班中的最末一个组,学业成绩也一直是班上倒数几名。请问老师应该把丘吉尔划为"乔木"还是"小草"呢?我想,没有哪一位老师能具备一双慧眼,能够将小时候的孩子明确划分为"乔木"或"小草",因为孩子是不断发展变化的人,他们的成长变化有无限可能。几十年后,丘吉尔已是一位成功的政治家和作家,他做过记者,做过海军大臣,做过英国首相,还得过诺贝尔文学奖。

　　事实上,这样的例子举不胜举。爱迪生小时候反应奇慢,老师认为他没有学习能力,是智力迟钝的学生。如果按照"乔木"与"小草"进行划分,老师会将爱迪生划分为哪一类呢?我们姑且不论"乔木"与"小草"孰优孰劣,如果老师把爱迪生划分为"小草"类,那么他日后怎样发展才算"让小草长成最好的小草"呢?如果把爱迪生划分为"乔木"类,那么他日后又怎样发展才算"让乔木长成最好的乔木"呢?我想,无论学生暂时表现出什么样子,我们都应该对学生充满期待,学生的成长才会朝着积极、阳光、健康的方向发展。

在我们的日常教育工作中,经常会遇到这样的学生,他们看上去不是那么机灵,不是那么聪明,学习成绩落后,如果教师把他们划分为"小草类",教师对他们的期望就会降低,他们也会逐渐对自己失去信心,那么,他们各方面的成绩也一定会越来越落后,他们的问题就会越来越多。教师的正确做法是要把他们看成只是暂时落后,要对他们充满期待,并因材施教,采用多种积极有效的方法进行教育,他们的发展、进步也是指日可待的。

比如,我在教低年级的社团课的时候就遇到这样一位学生,他做什么事都比别人慢半拍,而且态度也不认真。我了解到,他在班级里属于落后的孩子,我没有因此看不起他。后来分班的时候,这个孩子恰巧被分到了我带的班级。我没有简单地将孩子分类,更没有给孩子戴上落后的帽子,我积极地想:他只是暂时落后,这孩子一定能行!我积极鼓励孩子,力求唤醒孩子的自尊心,为孩子树立自信心。慢慢地,孩子有了点滴进步,我在班里及时表扬孩子,并给孩子发小奖状以示鼓励。孩子在我的用心唤醒下,积极性被充分调动起来了,渐渐地,他在卫生、纪律等方面成为老师得力的小助手,成绩也越来越好,期末检测时,孩子每一门功课都取得了优异的成绩。我不敢想象,如果当初我直接把他划分为"小草",孩子一定还会是一副缺乏自信的样子,而且在各方面都会落后,那对孩子来说是多么残忍。孩子又怎么会有现在的巨大转变,取得这么大的进步呢?可见,教师不能简单地将孩子进行归类,因为孩子的发展的确无可限量。

从这个故事我们可以看出,教师应该对学生的发展充满期望,而不是草草地先将学生进行简单分类,再进行所谓的"最适合、最好的教育",那样会误了孩子的一生的!

教育的责任重在唤醒,教师永远要对学生抱有最大的期望,要耐心地挖掘学生的巨大潜能,而不是告诉学生"我们只是芸芸众生中的一员,就可以

用心浇灌　收获幸福

平凡而平静地度过生命中的每一天"。试想,如果人人都这样想,我们的神舟六号又如何能飞上苍穹?嫦娥五号月球探测器又怎能展开着陆点区的形貌探测和地质背景勘测,获取与月球样品相关的现场分析数据,建立现场探测数据与实验室分析数据之间的联系呢?更何谈我们人类社会的文明进步与发展呢?

　　教师的人生观、道德观、价值观对学生有着潜移默化的影响。面对不同的学生,教师切忌简单分类,将学生早早定性,因为学生的发展前景充满无限希望。教师要因材施教、循循善诱,不断唤醒学生内在的潜能,相信每个学生在教师的耐心教育引导下都会树立起崇高的目标,并能脚踏实地地朝着预定目标前行,拥有一个美丽精彩的人生。

有效安排课间十分钟

合理利用课间十分钟对于学生的成长十分重要,这不仅能让学生身心得到放松,缓解学生的紧张疲劳,更为学生接下来的学习"充电、加油"。对于班主任来说,要切实认识到课间十分钟的重要性,把孩子们的课间十分钟进行得有声有色,对学生能真正起到教育引导的作用。为了能更好地利用这课间十分钟,我在班级里采取了以下措施:

首先,提高学生对课间十分钟的重视程度。我利用班会课,认真讲清课间十分钟的意义以及本班课间十分钟的要求,让学生从思想上认识到课间十分钟的重要性。课间十分钟不是毫无章法地乱跑乱闹,也不是想干什么就干什么。这十分钟,我们要充分利用,才能更好地上好每一堂课,提高课堂效率。我们要在遵守学校的规章制度的前提下,放松自己,做好自己生理方面、课堂用品的准备方面、朋友之间的交流方面、上交作业等方面的合理安排,比如喝水、上卫生间、准备下一节课的学习用品等。只有充分利用课间十分钟,才能更好地上好每一堂课,提高学习效率。

其次,具体规定课间十分钟的事务安排。为了让学生的课间过得更有意义,我深入学生中间,摸清学生的情况,还征求班干部的意见,在此基础上制定了安排课间十分钟的具体规定。我充分调动班干部的带头作用,并让他们监督,调查了解同学们的课间十分钟的执行情况,接下来我再有针对性地进行有效的指导。比如,我对课间的具体要求有以下几点:

一是准备好下一节课的学习用品。老师下课后,每位同学先要准备好下一节课的学习用品,再做其他的事情。

二是每位同学课间要喝水，不要等到上课铃响了或上课了才去喝水。

三是课间一定要去卫生间。每位同学都要去卫生间，这是最起码的生理需求，尤其是低年级的同学，这一点对他们提出来更有必要，因为他们一玩起来往往就忘记去卫生间，有时上课铃响了才去，影响下节课上课的时间。或者有的同学干脆老师讲着课，他就随时举手示意老师他想去卫生间，这种情况既影响了该学生本人的学习，也影响了老师的讲课和其他同学的学习。学生如果做到这一点，也会促进良好的学习习惯的养成，促进学习效率的提高。

四是小组合作玩游戏、讨论。学生处理完一些私人的事情还有一定的时间。这个时间段恰恰是难以管理的时间，学生的不安全因素也总发生在这个时间。我发现一个很有意思的现象，由于学生的性格特点，调皮的男生总爱找调皮的男生，他们要么打闹、要么骂着玩，打着闹着就谁也不饶谁，出现了矛盾，这都是不安全的因素。比如，一次运动会前，我们班就有两个同学追着玩，其中一位同学把脚扭伤了，结果这个学生所报的三项运动项目都不能参加了，连上学也需要家长接送。而比较要好的女生在一起，又容易引发同学之间的矛盾，往往会因为一些你说我坏话、我说你坏话等小问题，说着说着就闹矛盾了。于是我根据学生的性别、爱好、性格等特点进行分组，一般情况下，以分好的小组合作活动，做游戏，讨论不会的问题，或交流学习方法，或跟同学、老师提一些建议等，就很大程度上避免了很多问题。

五是提前半分钟进教室。不要小看这半分钟，学生提前半分钟回到班级里坐好并稳下情绪，继续准备好下一堂课的学习用品，有利于提高课堂听课的效率。尤其是夏天，学生玩得不亦乐乎，热得满身是汗，如果听到上课铃响了才进教室，他们半天也稳不下神来，既影响了自己听课也影响了老师讲课。如果学生能提前半分钟进教室，也很大程度上避免了学生上课铃响了还在外面打闹的现象。学生到教室后，他们可以较早地将注意力转移到所学的科目中来，有利于促进学生养成良好的习惯。

总之，课间十分钟的确是不容忽视的，班主任要不断总结经验教训，争取把课间十分钟管理得有声有色，真正让课间十分钟成为上节课教育教学的延续，更成为下节课的良好开端，促进学生养成良好的习惯。

重视对学生进行劳动教育

中共中央国务院于2020年3月20日印发的《关于全面加强新时代大中小学劳动教育的意见》明确指出,充分认识新时代培养社会主义建设者和接班人对加强劳动教育的新要求,全党全社会必须高度重视,采取有效措施切实加强劳动教育。不过,现在的孩子在家往往缺乏劳动锻炼的机会,不利于学生的健康成长。教师应如何加强对学生的劳动教育,提高他们的劳动能力呢?我认为要做好以下几点:

一是积极开展劳动主题的社会实践活动。为了提高学生对劳动意义的认识,我在班级内积极开展了以"喜迎五一,赞劳动者"为主题的社会实践活动,让学生走近劳动者,了解劳动节的真正意义。在"五一"国际劳动节来临之际,我带领同学们走进工厂、走进车间,欣赏劳动者创造的精美工艺品,让学生亲身感受劳动者的劳动为我们创造了美好的生活,深切感受劳动者的价值。

同学们兴致勃勃地来到我市的雕刻工艺厂,雕刻工艺厂的工作人员向同学们介绍了传统工艺品的历史和文化内涵,同学们听得很认真,还不时做着记录。在工作车间,同学们参观了"如意"的制作流程,不由感叹劳动者创造的成果的奇妙。有的同学不时向工人们询问请教制作技艺;有的同学小心翼翼地抚摸着工人精雕细刻的如意制品,爱不释手;有的同学在工人叔叔的指导下亲自实践制作如意,深切感受到了劳动的魅力。最后同学们为工厂的工人们献上了饱含赞美之情的歌曲——《劳动最光荣》,并真诚地向工人们致敬,祝福工艺厂的工人叔叔、阿姨们劳动节快乐。

参观活动结束后,同学们都写出了自己的所见所闻、所思所感,从他们的笔尖流露出对劳动者的敬意,更加深了他们对劳动意义的理解。同学们还深刻地体会到,手工如意劳动者用他们的劳动和智慧创造了精美的如意工艺品,丰富了我们的生活,创造了经济价值。学生纷纷表示要热爱劳动者、尊重劳动者,并且一定要向工人们学习,用自己的劳动创造美好的生活。

劳动创造了财富,劳动创造了文明,劳动创造了我们的幸福生活。"五一"劳动节的意义在于,让每个人都能认识到劳动是最光荣的,每一个辛勤劳动的人都值得尊敬。班主任组织让学生走近劳动者的实践活动,目的是让学生更生动地了解劳动节的内涵,感受到劳动者的辛苦与幸福。这样的实践活动,能让学生真正走进节日,融入节日,提高了学生对劳动意义的认识,学生也能够热爱劳动。

二是和孩子一起感受劳动的快乐。教师和学生一起劳动能增强师生之间的情感,促进教师和学生体验劳动的快乐,更好地增强对学生的劳动教育效果。

一个星期四的下午放学后,同学们陆续离开了教室,周四的值日生开始认真地做值日。看着这些小朋友说说笑笑做值日真是有趣,他们做得很认真,但是孩子们毕竟年龄小,不能做得很干净。看到多媒体黑板下面的槽内仍布满灰尘,我没有强调值日生要把卫生打扫彻底,而是自己动手和同学们一起做值日。

同学们仍在继续做着值日,我没有打扰他们,而是自己先清理好多媒体槽中的粉笔末、粉笔头以及讲桌上的零散东西。清理好后,我又涮好抹布,仔仔细细地擦起来。不一会儿,同学们看到我在打扫卫生,一个个跑到我身边,充满稚气地说:"老师,我来擦吧。""老师,我来清扫吧。"我高兴地说:"好啊。"孩子们干得特别认真,虽然还不是很干净,但是他们已经很用心了,看到孩子们一个个小脸上洋溢着劳动的幸福和喜悦,我很欣慰,能和孩子们在劳动中共同成长,真是无比的幸福。

教师和学生一起进行卫生大扫除,能促进同学们对劳动幸福感的体验,也更容易拉近老师与学生之间的距离。也许有的老师会认为,卫生大扫除目的是锻炼学生,班主任的工作是给学生分配劳动任务,监督并督促学生及时、认真完成任务。这种认识本来没有错,但它疏远了师生间的关系,使班主任有一种高高在上的感觉,不利于建立平等、和谐的师生关系。而在和学生一起劳动中,班主任可以与学生有更多的接触,可以进一步了解同学们的思想、特点、家庭情况等。另外,在劳动的过程中师生之间有说有笑,形成一个良好的氛围。这样,在学生的眼里,他们的班主任非常平易近人,能和学生一起特别积极、特别认真地完成卫生清理任务。在教师的带领下,他们做值日更认真了,也更加热爱劳动了。真可谓榜样的力量是无穷的。

三是积极与家长沟通,让孩子参与家务劳动。适度的家务劳动,不光不影响孩子的学习,反而能提高学生的劳动技能,促进学生学习成绩的提高。我积极与家长进行沟通,引导家长转变观念,提高家长对孩子参与家务劳动重要性的认识,不要只顾让孩子学习、上培训班,而忽略了让孩子进行家务劳动。孩子的劳动能力提高了,也能促进其他能力的发展。

劳动是生活的基础,是幸福的源泉,也是每个人走向成功和辉煌的唯一途径。因此,作为班主任,要让学生了解劳动的意义,为学生创造和劳动者接触的机会,以及参加劳动锻炼的机会。教师要注重对学生进行劳动能力的培养,为培养德、智、体、美、劳全面发展的合格的社会主义建设者和接班人做出应有的贡献。

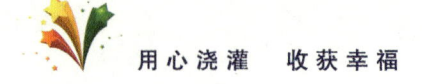

附:

劳动教育主题案例
——"从小热爱劳动"主题班会

班会时间:2019年4月29日　　主持人:班主任
班会地点:×××教室　　　　　班会主题:从小热爱劳动
参加人员:班主任及全班同学

班会目的:

1. 让学生进一步明确什么是公益劳动,怎样正确对待公益劳动,从而进一步培养学生为人民服务、热爱公益事业、团结协作、乐于助人的思想品质。

2. 让学生进一步明确一切的劳动成果都是来之不易的,从而培养学生养成珍惜劳动成果的行为习惯,并体现在日常生活中。

班会流程:

同学们,毛泽东曾说:"我们的教育方针,应该使受教育者在德育、智育、体育几方面都得到发展,成为有社会主义觉悟的有文化的劳动者。"的确,只有亲自参加劳动的人,才能尊重劳动人民,才会懂得珍惜别人的劳动成果,才会懂得幸福的生活要靠劳动来创造。劳动是我们中华民族的传统美德,我们21世纪的学生更应该热爱公益劳动,珍惜劳动成果。那么,我们应该怎样热爱公益劳动,珍惜劳动成果呢?"五一"是国际劳动节,那让我们为这个全世界劳动人民的节日唱出劳动的赞歌吧。

活动一:劳动节的由来

1.1886年5月1日,美国芝加哥工人为争取实行八小时工作制举行大罢工,经过艰苦的流血斗争,终于获得了胜利。

2.为纪念这次工人运动,1889年7月14日,由恩格斯领导的第二国际在法国巴黎召开了社会主义者代表大会,与会代表一致同意,将每年的5月1日定为国际劳动节。

3.中国于1949年12月将每年的5月1日定为法定的劳动节。

活动二:故事、唱歌、小品

1.劳动小故事。

星期天,小华在家里帮助妈妈擦玻璃,费了很大的劲,才把整个房间的玻璃都擦完了,心里特别高兴,可是妈妈看见了,却责怪她说:"玻璃擦得不干净,不让你做的事,就别做,只要把学习搞好就行了。"

2.全班齐声合唱歌曲《劳动最光荣》。

(1)学生合唱《劳动最光荣》。

(2)歌声唱出了热情,歌声唱出了力量。那么,我们之中又有多少人知道什么是公益劳动呢?

3.小品表演。

(1)小品《一件小事》。

(2)确实,在我们之中还有些同学对公益劳动的认识是不够的。

(3)像小品中的小良同学因为怕苦、怕累、怕脏、怕给人笑话,看着处在危险中的盲人也不敢或者说不愿意去帮忙。这一点又说明了什么呢?请学生讨论、发言。

4.学生讲助人为乐的故事。

(1)讲述毛泽东助人为乐的故事。

(2)小结:以上的故事告诉我们,我们的伟大领袖毛泽东同志从小就养成了热爱公益劳动、乐于助人的好习惯,我们作为21世纪的学生,是不是更应该热爱公益劳动,珍惜劳动成果呢?我们应该怎么做呢?我们班也有些同学平时很热爱公益劳动,珍惜劳动成果。

活动三：小调查

1.爸爸妈妈和老师经常教育我们要爱劳动,但我们经常看到有些同学过着衣来伸手,饭来张口的生活,这些现象引起了我们的思考,于是我们调查小组针对一些问题,设计了一张调查问卷,并随机调查了学校内的一些同学。

2.我们根据调查进行了数据统计,得出了最后的结果。

(1)33%的少年儿童表示很少或从来不参加家务劳动。

(2)48.5%的少年儿童经常洗手帕、袜子。

(3)42.9%的少年儿童表示在家里经常洗碗、洗菜。

(4)40%的小学生看到地板脏,想到的是督促值日生、告诉老师,却没有想到自己主动去擦干净。

(5)46%的小学生看到教室地上有纸屑,不愿意捡,因为感觉"不是自己扔的"。

3.轻视劳动的后遗症。

(1)很多青少年由于极少参加体力劳动,他们的劳动观念非常淡薄,不珍惜父母的劳动成果和社会财富。不少小学生学习怕动脑筋、劳动懒得出力,却追求高消费,比吃喝穿戴,花钱大手大脚。轻视劳动势必助长孩子的贪图享乐、好逸恶劳、不劳而获的恶习,让他们变得任性、娇气、固执、自私。如果任其蔓延,极易滋生享乐主义、利己主义、拜金主义等腐朽观念。

(2)专家表示,是否尊重普通劳动也会直接影响孩子的人格发展。如果父母是普通劳动者,孩子则感到没面子,久而久之导致压抑甚至扭曲心理的产生;如果父母是做官、做大生意的,孩子则看不起身边普通的同龄人,很可能成长为自私、目中无人的典型。

活动四：我能行

1.父母为我们付出了太多,我们是不是应该也为父母做点什么?

(1)我为妈妈做饭

今天,我刚写完作业,正无所事事,突然我想到爸爸和妈妈工作这么辛苦,一定很累,回家还要做饭给我吃,不更累吗?我想:我今天一定要给爸爸和妈妈做一顿饭吃,让他们也歇息歇息。

我快步来到厨房,开始做我的拿手好菜"黄瓜片炒蛋"。首先,用热水把锅冲一冲,再取三个鸡蛋,一个一个打在碗里,在拿筷子拌的同时,把蛋壳放进花盆里,再用筷子使劲搅拌,把蛋清和蛋黄搅得分不出谁是谁的时候,就打开炉子,把油烧开,再晃一晃锅,让油均匀散开,省得一会儿蛋贴在锅上。再把三个蛋倒进锅里,不一会儿,鸡蛋清和鸡蛋黄成了固体,再把它们翻几个"跟头"就炒好了。然后,关上炉子。再用菜刀把一根黄瓜切成一片一片的,打开炉子,把黄瓜和鸡蛋再炒几分钟就可以了。之后,我又拿出一根火腿肠,切成片放到盘子中。

这时,爸爸妈妈开门回来了,见到我做的饭,很是吃惊,问:"林微涛这是你做的菜吗?""是啊!"我说。妈妈和爸爸夸我说:"好女儿!你长大了!"

听了爸爸妈妈的夸奖,我心里甜滋滋的。

(2)清扫房间

前几天,爸爸和妈妈一直都非常忙,没有空余时间来打扫房间,家里面的地面和家具上面全都是灰尘了,地上还有许多垃圾,脏得不像样,我看见了这种情景,十分难过和伤心。我想了想,自己也有两只手,打扫房间这种事情我也会做,为什么我就不能动手打扫呢?对,就让我来把房间打扫一下吧!

说干就干,我立刻拿来了一把扫帚和一只畚箕。我先用扫帚扫去地上的灰尘和垃圾。我把它们扫在一起,然后用畚箕装起来,倒到门外面的垃圾桶里去了。回来以后,我看到地面比以前亮多了。接着,我拿来一块湿抹布和一桶水,把家具擦了一遍又一遍。擦好了家具,我看了一会儿,觉得这些家具又像新买来的一样,一尘不染。我又看了一下桶中的水,啊呀,脏死了,像墨汁一般黑。"啊,原来这么脏呀!"我不禁大声叫道。然后,我又拿来了拖把拖起地板来。我左拖右拖,前拖后拖。地板不时发出"滋滋"的响声,好像在向我表示感谢呢!拖得我汗水直往下流,好像在下雨一样。这时,我看着干净的地板,整洁的房间,开心地笑了。

晚上,妈妈表扬了我。我心里更加高兴了,简直比吃了蜜还要甜!

今天,我虽然累了一点,但是受到了妈妈的表扬,还知道了劳动的可贵和辛苦。

2.宣读倡议书

热爱劳动倡议书:从现在做起,从身边做起,从小事做起,热爱公益劳动,珍惜劳动成果!

活动五:总结

1.同学们,劳动光荣,懒惰可耻。热爱劳动是我们中华民族的传统美德,劳动是每一位有劳动能力的公民的光荣职责。一切劳动都是艰苦的,只有尝到劳动的艰辛,才能懂得珍惜劳动成果。

2.劳动名言集锦

◇凡是较有成就的科学工作者,毫无例外地都是利用时间的能手,也都是决心在大量时间中投入大量劳动的人。——华罗庚

◇时间是一位可爱的恋人,对你是多么的爱慕倾心,每分每秒都在叮嘱;劳动、创造、别虚度了一生。——于沙

◇科学是老老实实的东西,它要靠许许多多人民的劳动和智慧积累起来。——李四光

◇青春啊,永远是美好的,可是真正的青春,只属于这些力争上游的人,永远忘我劳动的人,永远谦虚的人。——雷锋

3.同学们,课下请为家庭、为班级、为学校做力所能及的劳动。

教育学生应和"完美"说再见

"金无足赤,人无完人。"在教育教学中,我们不能追求孩子有多么完美,尤其是读了王金战老师的《包容孩子的不完美》一文后,我深有同感。在学校、家庭中,我们不能一味要求孩子完美,要允许小孩子有这样那样的小毛病,然后我们再针对孩子的问题,采取合适的教育方式,促进孩子的身心和谐发展。

王金战老师认为,恰恰是家长教会孩子依赖他们,毕竟学习、生活都有家长操心,孩子当然不需要计划了。一个人在不情愿的情况下,被迫做一些事情,肯定不会有好的效果。其实,父母的养育行为并没有截然的对错之分,比如帮助孩子制订学习计划、督促孩子写作业等,在孩子成长的某个阶段,那是父母必须做的。但孩子在成长,如果父母一味沿袭着一些固定不变的教育方式,效果自然不好,父母一厢情愿给予的,并不是孩子需要的,冲突自然就出现了。这样看似简单的道理,很多家长却不懂:在孩子小时候简单要求孩子,不给孩子独立锻炼的时间和机会,慢慢地孩子也就失去了一定的发展能力的机会。

其实,在日常生活中,这样的例子还有很多。有些家长认为自己很优秀,同时也有好面子的心理在作怪,生怕孩子成绩不是最优秀的,让自己在亲戚、朋友前丢面子,因而很容易会对孩子的某些缺点无限放大,总拿自己孩子的缺点去和别的孩子的优点相比,结果自然越比越烦。我觉得作为父母,首先应该调整自己的心态,我们要相信孩子完全有能力安排好自己的学习!

用心浇灌　收获幸福

　　作为教师,我们在教育教学中,又何尝不是如此呢?我们能接受学生的一贯优秀,而对优秀学生犯的一些错误,或考试中出现的一些问题,老师往往如临大敌,因而导致学生输不起,犯不起错误,不能正确面对自己的挫折。尤其是当孩子长大以后,更不能正视自己的不完美,他们或出现这样那样的心理问题,这反而对他们的成长起到了抑制作用,不得不引起我们的高度重视。

　　在今后的教育中,不管是家长还是教师,我们都要给孩子更多的包容,接受孩子的不完美,学生才能自由地、健康地成长!

教育要学会静等花开

子曰:"无欲速,无见小利。欲速则不达,见小利则大事不成。"意思是做事不要图快,不要只见眼前小利。如果只图快,结果反倒达不到目的;只图小利,就办不成大事。读了《教育来不得速生》,让我认识到,要踏踏实实地走好教育中的每一步。

文章中说,生活中像杨树这种速生的东西越来越多,诸如人工饲养的肉食家禽、家畜、催熟的蔬果等,这类东西生长周期短,大都存在品质欠佳问题,它们口感差、营养不多,甚至会对人体健康造成损害,已逐渐被讲究生活品质的人们所抛弃。可以说速生的东西是经不住时间考验的。是呀,"十年树木,百年树人",树木和育人都需要过程的积累、漫长的等待。每个树种都有其自身生长规律和特性,我们不可指责杨树自身急于求成,至于其最终成不了栋梁,而被加工成板材,也可以理解为才尽其用。育人是一个缓慢的过程,更需要教育工作者的爱心、耐心和细心;育人要扎扎实实,要不得浮躁和虚荣。今天培养什么样的人,预示着二十年后我们将面对什么样的社会。教育需经得住时间考验。

作为教育工作者,我们要谨记王金战老师的经验,踏踏实实地走好教育中的每一步,要有静待花开的耐心,怀着欣赏的心情对待我们的学生,相信他们终究会欣然怒放!

第三章
文明·理想

　　子曰："恭而无礼则劳，慎而无礼则葸，勇而无礼则乱，直而无礼则绞。"可见知礼、约礼的重要性。君子修身立本离不开礼。学习礼仪，有利于培养学生高尚的人格，学习礼仪，可以使学生变得更加优秀，为他们今后的全面发展打下坚实的基础。

　　所谓理想，是符合客观规律并能够实现的幻想。教师对于学生理想的培养要通过对一些具体事情的向往或态度表示出来。教师要致力于培养学生正确的人生观和世界观，促使学生掌握过硬的本领，做社会主义事业的合格的接班人。

浅谈如何加强文明礼貌教育

子曰:"不学礼,无以立。"就是说一个人不学会礼仪礼貌,就难以有立身之本。中国是世界文明古国,历来有"礼仪之邦"之称,有讲"礼"的悠久历史和优良文化传统,作为教师我们务必教育学生要"学礼知礼"。学习礼仪,有利于培养学生高尚的人格,使学生变得更加优秀,为他们今后的全面发展打下坚实的基础。

有很多老师反映现在有不少孩子越来越缺乏基本的礼貌了,他们见到自己的老师连招呼都不打,或者远远地溜着走,或者像没看见一样只顾走自己的路,从他们身上根本看不出文明礼貌的影子。作为班主任,我们必须要从多方面寻找学生缺乏文明礼貌的原因,然后有针对性地对学生进行文明礼貌教育,力求把每一位学生都培养成为具有文明礼貌良好习惯的好学生。

分析学生缺乏文明礼貌的原因

一是学生因为害怕老师不愿打招呼。学生见了老师一般都会有害怕的心理,这是正常的,是老师的威严所致。但是如果学生见了老师总是躲着走,问题就有些严重了,作为教师应该多方面地寻找原因,有针对性地对学生进行教育引导。据笔者观察与分析,造成学生因害怕老师而不打招呼显得缺乏礼貌的原因,主要在学生和教师两方面:学生方面往往是学生因犯错而害怕老师,因为学生年龄小,身心发育尚不成熟,他们有时自我约束能力较差,容易犯这样那样的错误,犯了错误的学生当然害怕见老师;老师方面的原因是因为有的老师平时比较严肃,对学生要求比较严格,造成学生怕见老师的心理,因此学生见了老师往往敬而远之,也会显得学生没有礼貌。

二是学生本身没有礼貌不愿打招呼。不能否认,有些学生的确没有礼貌,甚至有些班级里学习成绩比较优异的学生,他们见了老师、长辈却一点也没有礼貌。他们都是父母、老师眼中的好孩子、好学生,自信心强,老师也经常和他们聊天,有时他们犯了错,老师也总是耐心地说服教育,千方百计地保护他们的自尊心。可是他们往往表现得目中无人,处处以自我为中心,遇事很难设身处地去为别人着想,不愿承担责任。老师们也很诧异,这样的孩子什么道理都懂,他们应该更有礼貌才对呀,可是,他们却连打招呼都做不到,看来,他们的确是没有养成文明礼貌的好习惯。

进行文明礼貌教育的几点做法

一是改善师生关系,促进学生文明习惯的养成。教师要主动改变自身的形象,对待学生要和蔼可亲,逐步培养与学生的感情,拉近与学生的距离,让学生因亲近老师而变得有礼貌。

针对学生因为害怕老师不愿打招呼的情况,教师要注意改变自身形象,不要一副高高在上的感觉,要处处留心自己的学生,经常主动与学生沟通交流,逐步建立与学生之间的相互信任,真正变成学生的好朋友,这样学生见了老师才会主动打招呼,才更愿意有礼貌地与老师沟通交流。对待犯错误的学生,教师更要细心观察,耐心教育。在日常工作中,我发现有些学生由于年龄小,他们的身心发育不够成熟,自我约束能力较差,经常犯这样那样的错误。犯了错误的学生特别害怕挨老师的批评,他们害怕见老师,更不用说主动和老师打招呼了,有时老师想喊他们了解一下情况,他们也都躲得远远的。因此,教师要处处留心这些会犯错误的学生,及时发现他们身上存在的问题,努力找出解决问题的方法,帮助学生健康成长;同时切忌对犯了错误的学生置之不理,更不能讽刺、挖苦、歧视他们,而要耐心地给予说服教育,多给学生改过的机会,并用发展的、变化的眼光看待学生,让学生感受到老师对他们真诚的信任与关怀。

对于因学习成绩较差而有自卑感的学生,老师要多鼓励、多关心、多体贴、多辅导,并让班干部与他们建立帮扶对子,促进他们的进步,改变学生落后的面貌。这样,学生自信心足了,自然也就愿意主动跟老师交流了。

俗话说:"亲其师,信其道。"学生只有与老师真正成为好朋友,对老师的文明礼貌教育才乐于听,他们才会在各方面都有一定的进步,见了老师就会主动打招呼,也就不至于躲着走。

二是加强文明礼貌教育,树立文明礼貌意识。由于小学生年龄小,他们还没有养成良好的文明礼貌习惯,作为班主任就要加强对学生的教育,树立他们的文明礼貌意识。

教育部印发的《中小学生守则(2015年修订)》,是为全面落实党的十八大和十八届三中、四中全会精神,深入贯彻习近平总书记系列重要讲话精神,积极培育和践行社会主义核心价值观,进一步增强中小学德育的针对性、实效性,根据学生发展的新特点而制定的。其中第四条、第五条分别是明礼守法讲美德、孝亲尊师善待人。这是国家对小学生日常文明行为最基本的要求,其目的在于加强对小学生的文明礼貌教育和行为训练,以促使他们从小养成良好的行为习惯。因此,我经常利用班会课给学生讲解《中小学生守则》,让他们懂得什么是"明礼",比如,说话文明,待人要有礼貌,会用礼貌用语,尊敬师长,见面行礼,主动问好,要用尊称,不直呼姓名等。

有些学生对老师的文明礼貌的教育能听进去,但是不能坚持做到,甚至有些学生对老师讲的规范要求不当一回事。因此,针对小学生年龄小、感性认识比理性认识强的特点,我经常采取灵活多样的方式方法对他们进行教育,比如,我会用编故事的方法增强他们对文明礼貌行为习惯的认识,增进他们对小学生日常行为中文明礼貌方面知识的理解、认识。例如,每当我遇到班内的不文明现象时,我便将他们的行为编到道理浅显的小故事中,让他们对故事中的人物行为进行评价,再对照自己的行为、对照班级内同学们的所作所为,发现自己与他人的优点和缺点,这样往往更能够引起他们心灵的触动,让他们做到互相取长补短,比单纯、空洞的说教更见成效。

通过文明礼仪知识的讲解,以及文明小故事的渗透教育,学生逐步树立起正确的讲文明、讲礼貌的观念,这样的教育既是教师对他们的严格要求,更是促进他们生动活泼发展的必要条件。

三是通过名人故事树立文明礼貌榜样。"榜样的力量是无穷的",教师在对学生进行文明礼貌教育时,不能只是空洞地教给学生《小学生日常行为规范》,还必须通过榜样的带动作用,让学生学习榜样的事迹,按照榜样的行为标准去做,有利于促进学生的文明礼貌行为习惯的养成。

为了进一步对他们进行文明礼貌教育,我经常给学生树立一些班级、学校中的文明礼貌的榜样,让他们能够以这些讲文明有礼貌的学生为榜样,督促自己的行为,在同学中形成比学赶超的氛围,让他们逐步养成文明礼貌行为习惯。我充分利用小学生喜欢听故事的特点,借班会的时间给学生讲一些名人讲礼貌的故事。如我给学生讲"程门立雪"的故事,学生都听得津津有味,听完故事后,我会让学生说一说从故事的主人公身上受到了哪些教育。学生们非常崇尚名人的礼貌行为,纷纷表示要向名人学习,自己也要做讲文明有礼貌的好学生。可见,这种形式的文明礼貌教育是学生乐意接受的。

比如,我曾给学生讲"曾子避席"的故事。曾子是孔子的弟子,有一次他在孔子身边侍坐,孔子就问他:"以前的圣贤之王有至高无上的德行,精要奥妙的理论,用来教导天下之人,人们就能和睦相处,君王和臣下之间也没有不满,你知道它们是什么吗?"曾子听了,明白老师孔子是要指点他最深刻的道理,于是立刻从坐着的席子上站起来,走到席子外面,恭恭敬敬地回答道:"我不够聪明,哪里能知道,还请老师把这些道理教给我。"在这里,"避席"是一种非常礼貌的行为,当曾子听到老师要向他传授时,他站起身来,走到席子外向老师请教,是为了表示他对老师的尊重。后来,曾子懂礼貌的故事被后人传颂,很多人都向他学习。学生听完这个故事后,展开了热烈的讨论,他们深切感受到曾子是多么彬彬有礼,相比较之下,自己是怎么做的呢?自己又应该怎样做呢?这时,他们的小手举得很高,既有对自己以前不礼貌行为的反省,更有今后怎样做才是更有礼貌的行为的表态。

这样,学生通过听名人文明礼仪的故事,在潜移默化中提高了对文明礼貌的认识,渐渐懂得了无论什么时代、无论多么重要的人物都要注重讲文明有礼貌,也渐渐地养成了讲礼貌的行为习惯。班级内文明礼貌的风气渐渐形成,其他老师也经常夸我班的同学真有礼貌,在哪儿见了老师都能主动问好。

四是通过家校监督促进文明习惯养成。苏联教育学家马卡连柯指出:"父母自身行为在教育上具有决定的意义。不要以为只有你们同儿童谈话或指导儿童、吩咐儿童的时候,才是教导儿童。你们是在生活中的每时每刻,甚至你不在家的时候也在教育儿童。你们的穿戴,怎样同别人谈话,怎样谈论别人,怎样欢乐和发愁,怎样对待朋友和敌人,怎样笑,怎样读报,这一切对儿童有着重要意义。"

现在的孩子大多是独生子女,他们是家庭的宝贝,处处以自我为中心,不高兴的时候谁都不爱搭理。有些家长对孩子的这一点不以为意,他们以为孩子年龄较小,树大自然直。比如,有个别学习成绩很好的孩子,他们看上去自信心比较强,更是父母眼中的好孩子,但是他们见了老师、长辈却没有一点礼貌,傲气十足、目中无人,甚至说脏话、打架、骂人等。看到这些孩子的不文明行为时,我一方面及时制止他们错误的行为,给予批评指正,告诉他们应该怎样做。同时,我还找他们的家长进行沟通,告诉家长不要有"只要孩子的功课好就行,礼貌的事,以后再教育也不迟"的思想,要让家长明白,文明礼貌习惯要从小抓起,从点滴细节做起。

其实,在对学生进行文明礼貌教育方面,家长对孩子的影响是非常大的。针对家长只重视学习成绩而忽视文明礼仪教育这种现象,我耐心地与他们沟通交流,让他们明白孩子的学习是学习,礼貌是礼貌,家长不能因为孩子学习成绩好就降低对孩子的文明礼貌等行为的要求。经过沟通交流，家长也认识到，孩子年龄还小，这正是养成文明行为的关键时期，对他们以后的发展也能起到决定性的作用。事实证明，学生没有礼貌的行为一旦形成将很难改正，尤其是随着孩子慢慢长大，他们的害羞心理会逐步加重，有时他们心里明白应该有礼貌，但是反而不好意思用语言来表达。

因此，在文明礼貌方面，家长一定要积极做好孩子的表率，并配合老师对学生进行文明礼貌行为的教育。这样，家长和老师在孩子的文明礼貌教育方面就达成了共识，每当孩子出现不文明不礼貌的行为时，家长也能积极地配合老师对孩子进行文明礼貌教育，学生也会变得越来越有礼貌。

由此可见，教师要及时与家长联系、沟通，让家长配合老师做好对孩子的文明礼貌教育，并时常监督孩子的行为，及时给予强化，让孩子们在文明行为形成的关键时期养成良好的文明礼貌行为习惯，这将促进他们德、智、体、美全面发展，让他们一生受用。

五是通过文明活动评比强化文明礼貌行为。文明活动评比是指针对学生开展的促进学生文明行为习惯养成的比赛活动，班主任可以结合学校的活动，也可以根据本班级的实际情况，定期举行一些形式多样的文明评比活动，目的是促进学生的文明礼貌行为能够进一步强化，真正养成文明礼貌习惯。比如，我在班里定期举行"争当文明好少年""我是文明小舵手""文明之星"等评比活动。通过举行这些形式多样的活动，学生的文明行为习惯不断得到强化，也懂得了文明礼貌行为的评价标准，一方面促进学生自身严格按照文明礼貌行为的要求去做，另一方面，学生之间能够做到互相提醒、互相监督，为文明礼貌行为的养成创造良好的氛围，利于学生将文明礼貌行为逐步变为一种内在的文明修养，从而全面提高同学们的文明水准。

2020年9月9日，习近平主席代表党中央，向全国广大教师和教育工作者致以节日祝贺和诚挚慰问时指出，希望广大教师不忘立德树人初心，牢记为党育人、为国育才使命，积极探索新时代教育教学方法，不断提升教书育人本领。作为教师,我们应该肩负起自己的历史责任,从培养学生"打招呼"入手,扎扎实实地对学生进行文明礼貌教育,让学生懂得如何在生活中用文明礼貌去规范自己的行为,做到言行一致,而不是简单地喊喊口号而已。教师应把促进青少年学生养成文明礼貌行为当成重要的使命,让文明之风得以代代相传。相信通过我们的努力,以及家庭、社会教育的互相配合,我们的社会将变得更加文明、更加美好、更加和谐。

[本文发表于《小学生拼音报》,收入时有改动]

文明教育主题案例
——"争做文明学生 创建和谐校园"主题班会

班　　级:小三(2)班　　　　班 主 任:×××
班会时间:2016年6月19日　　班会地点:小学部音乐教室
主 持 人:×××　×××　　　班会关键词:文明、创建、和谐、校园
班会参加人员:学校领导、部分班主任、小三(2)班学生及个别家长

班会背景:

现在的孩子大多娇生惯养,唯我独尊,个性中暴露出以自我为中心的不良倾向。他们在集体中不懂得谦让,言行上不大讲文明,为此学校开展了"校园综合治理"活动。借此机会召开此次班会,针对我班学生情况进行文明礼貌教育,让学生从小讲文明礼貌,建设和谐校园。

班会目的:

1.让学生认识到讲文明、懂礼貌的重要性。

2.引导学生养成讲文明、懂礼貌的好习惯,促进和谐校园的建设。

准备工作:

1.会前布置学生围绕主题广收材料,如儿歌、故事、拍手歌、音乐等。

2.指导学生根据材料编排活动。

3.制作多媒体课件《争做文明学生,创建和谐校园》。

4.邀请部分家长做典型发言。

班会流程：

环节一：主持人上场　揭示班会主题

1.主持人朗诵新版三字经《讲文明,有礼貌》:"春风吹,阳光照。讲文明,有礼貌。尊师长,爱学校。语言美,行为美!"

2.揭示主题——争做文明学生,创建和谐校园。

3.宣布三年级(2)班主题班会开始。

环节二：播放不文明图片　讨论不文明行为

1.生活中,是不是每个人都能做到讲文明呢?请看光明小学的小记者采风。

2.从刚才的图片中你看到了哪些不文明的现象呢?

3.我们班在学校开展"校园综合治理"活动前有没有不文明的行为呢?请看情景剧——《大课间》。

4.你想对剧中的同学说点什么呢?

5.经过调查分析,发现校园中的不文明现象,请大家对照一下,看看自己存在哪些问题呢?

环节三：分小组交流争做文明学生好建议

1.各小组针对搜集的资料交流、讨论。

2.选派代表上台来展示。

(1)第一组展示:配乐讲故事——《孔融让梨》。

(2)第二组展示:配乐诗歌朗诵——《文明是一朵花》。

(3)第三组展示:短片——《文明赢得尊重》。

(4)第四组展示:拍手歌——《文明用语拍手歌》。

(5)第五组展示:倡议书——《做文明学生,建和谐校园》。

3.发出号召——只有大家都讲文明,我们才是一个文明的班级,我们的学校才是文明的学校。

环节四：文明行为升华

1.考考大家,下面的行为对吗?请你告诉他们该怎么做。

2.我们班同学的行为有什么改进呢？请欣赏情景剧——《上学路上》。

3.请王阿姨说说小明在家里的表现吧。

4.请刘阿姨来说说小童的表现吧。

5.我们一定要把今天学到的文明礼仪知识变成文明行为习惯,大家说,能不能做到?

环节五:班主任讲话发出号召

1.老师讲话。

2.全体起立,宣誓:我们要向不文明行为宣战,争做文明学生,创建和谐校园!

3.想象一下,5年后、10年后你是什么文明形象。

4.配乐诗朗诵《歌声与微笑》。

效果审视:

通过本次活动,学生们认识到"争做文明学生,创建和谐校园"的重要性,也认识到做文明学生不是说说就行的,要在日常的生活中注意自己的言行,不光自己要改掉不文明的行为争做文明学生,还要监督身边的同学做文明学生,同时注意自己在家里、在公共场合的表现,争取让文明之花处处盛开。

班会反思:

如今的孩子,大多都是独生子,他们大多以自我为中心,不懂文明,不会礼让,校园里随处可见不文明现象,但是作为班主任,我们要本着引导、教育的原则,首先要言传身教,力争让学生在平时注意自己的言行举止,从身边的小事做起,还要做一个传播文明的使者,共建文明和谐的校园。

附(主题班会支撑材料):

一、主持人主持词

　　1.开场白

　　A、B(合):老师们,同学们,大家上午好!

A:春风吹,阳光照。

B:讲文明,有礼貌。

A:尊师长,爱学校。

B:语言美,行为美!

A、B(合):让我们争做文明学生,创建和谐校园!

2.播放不文明图片并讨论

A:子曰:"不学礼,无以立。"可见,文明礼仪在我们生活中的重要性。

B:生活中,是不是每个人都能做到讲文明呢?请看光明小学的小记者的采风。

A:从刚才的图片中,我们看到了很多不文明的现象,比如乱扔垃圾、随地吐痰、破坏树木、不尊敬老人等。

B:请你实话实说,我们班在学校开展"校园综合治理"活动前有没有不文明的行为呢?

A:我们班还真有,不信,请看情景剧《大课间》中有些同学的表现。

B:大家看了这几位同学表演的情景剧,你想对剧中的同学说点什么呢?

A:在课前,我们班的同学做了不文明现象的调查,经过统计分析,发现校园中的不文明现象主要有以下几个方面:在课桌、墙壁上乱涂乱画,随手乱扔垃圾,说脏话,见师长不打招呼,公共场所大声喧哗,随便购买路边摊食品,课间随便打闹,走路不靠右行。

B:请大家对照一下,看看自己存在哪些问题呢?

3.分小组交流争做文明学生好建议

A:刚才同学们都说出了自己存在的问题,有问题我们不怕,亡羊补牢——未为晚也。那么,怎样才能让所有的同学都改掉这些不文明的行为,养成文明习惯呢?同学们一定会有更好的方法和建议。

B:在课前,大家针对这些问题都搜集了资料,各小组也都进行了积极的交流、热烈的讨论。下面,就请各小组选派的代表上台来展示你们的好方法、好建议。

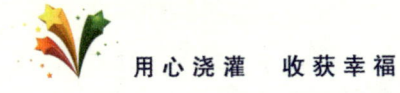

A：我们先请第一组的代表上来展示。大家欢迎！

B：感谢第一小组精美的故事展示，不仅让我们学会了关心他人、礼让他人、谦让他人，还让我们学会了尊长爱幼。

A：下面，请第二组的代表上来展示。

B：谢谢第二组同学优美的诗朗诵，他们让我们学会了微笑，学会了真诚。是呀，真诚是我们做人的根本，微笑是全世界最好的通行证，它能消除人与人的误会，它能拉近心与心的距离。

A：下面，让我们用热烈的掌声欢迎第三组的代表上来展示。

B：感谢第三组同学的精彩视频展示，他们让我们知道了哪些行为不文明，哪些文明行为能赢得别人的尊重！

A：下面有请第四组的代表上来展示，大家欢迎。

B：感谢第四组同学带来的文明用语展示，让我们学会了如何正确使用文明用语，希望大家今后要经常使用文明用语。

A：下面，有请第五组的代表上来展示，大家欢迎！

B：感谢五个小组的代表为大家做了丰富多彩的展示，让我们从不同的方面领略了文明的知识，强化了我们的文明行为。

4.文明行为升华

A：下面我们要考考大家，你们认为下面的行为对吗？请你告诉他们该怎么做呢？

B：看来，大家都能对他们的行为做出正确的判断，那我们班同学的行为有什么改进呢？

A：请欣赏情景剧表演《上学路上》。

B：看来，经过我们全班同学的出谋划策，经过同学们的努力学习，同学们在学校的文明行为的确都有了很大的提高。

A：那么，你们在家里、在公共场所的表现怎么样呢？请说一说。

B：光听你们说还不够，下面我们就请王阿姨说说小明同学在家里的表现吧。

A：大家想不想听听小童同学在家里的表现？那我们就请刘阿姨来说说吧。

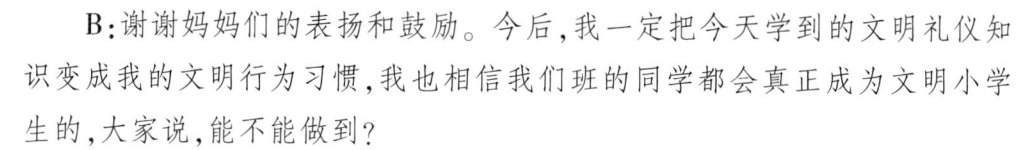

B:谢谢妈妈们的表扬和鼓励。今后,我一定把今天学到的文明礼仪知识变成我的文明行为习惯,我也相信我们班的同学都会真正成为文明小学生的,大家说,能不能做到?

5.班主任讲话

A:下面请颜老师讲话。

B:谢谢颜老师对我们寄予的厚望,我们一定会成长为文明学生的。

A:下面请全体起立,宣誓:我们要向不文明行为宣战,争做文明学生,创建和谐校园!

B:同学们,请闭上眼睛想象一下,5年后、10年后的你会是什么样子呢?我们的学校会是什么样子呢?

6.配乐诗朗诵《歌声与微笑》

A:你给别人一个微笑,别人给你一个春天。

B:你给别人一份温暖,别人给你快乐无限。

A:你给别人一份谦让,别人给你敬重万千。

B:你给别人一份真诚,别人给你温馨的思念。

A、B(合):我们是祖国的小雏鹰,让我们插上文明的翅膀,争做文明小学生;共建和谐校园、和谐社会。

A:现在,我宣布三年级(2)班"争做文明学生,创建和谐校园"主题班会到此结束!

B:请全体同学起立,敬礼!

二、配乐诗朗诵《文明是一朵花》

文明是一朵花,一朵芳香的花。让我们插上文明的翅膀,飞向蓝天,告诉太阳。我们是展翅的雄鹰,要做文明的使者,用微笑铺设文明路,用真诚搭建礼仪桥。文明礼仪伴我行,处处盛开文明花!

三、《文明用语拍手歌》歌词

你拍一,我拍一,文明用语记心间。

你拍二,我拍二,请求别人先说"请"。

你拍三,我拍三,问候他人说"您好"。

你拍四,我拍四,抱歉说声"对不起"。

你拍五,我拍五,感谢说声"谢谢您"。

你拍六,我拍六,告别握手说"再见"。

四、"做文明学生,建和谐校园"倡议书

> 敬爱的老师、亲爱的同学们:
>
> 大家好!
>
> 在这春光明媚、万象更新的季节,为了建设和谐的校园,我们要"从我做起,从现在做起",为建设文明、和谐的校园做出自己的贡献。为此,我们向全班同学倡议:
>
> 1.参加升旗仪式,要穿校服,戴红领巾。
>
> 2.语言、举止要文明,见到老师敬礼问好。
>
> 3.上下楼梯不争抢,靠右行。
>
> 4.不随地吐痰,不乱扔垃圾。
>
> 5.课间做有益的游戏,不追逐打闹。
>
> 三(2)班
2016 年 6 月 19 日

五、班主任总结

1.同学们,"争做文明学生"说起来容易,做起来也不难,但是,要长期坚持却绝非易事,文明行为贵在坚持!我希望每位同学都能少说空话,多做实事,彻底告别不文明行为。我也相信大家都会成为文明学生,我们的校园也会更加文明、更加和谐、更加美丽!

2.老师寄语。

播种一个信念,收获一个行动;

播种一个行动,收获一个习惯;

播种一个习惯,收获一个性格;

播种一个性格,收获一个命运。

让我们把文明的种子播种心间吧!

第三章 文明·理想

如何处理同学之间的矛盾
——"化解矛盾"主题班会家长发言稿

  同学们,大家在课间玩耍时,经常会发生一些不愉快的事情。今天,我给大家讲述一个故事情境,这可能只是一种故事情节,但是还请在座的小朋友帮阿姨出出主意:真遇到这种事情,应该怎么处理?

  故事是这样的:操场上,有四个小男孩在角落里玩"角斗士"游戏,两个突围,两个防守。其中一个小男孩非常想冲出去,防守的小男孩为了尽到职责,飞起一脚,正中突围的小男孩的肚子,于是突围的小男孩弯下腰来,防守的小男孩一看效果不错,于是继续补上一脚,这一脚踢到了弯腰的小男孩的眼睛,被踢到的小男孩立刻失去了突围能力,防守的小男孩快快乐乐地离开了。

  那么问题来了,假如我是那个被踢到的小男孩的妈妈,听到这件事后我肯定很生气,于是我想:不知哪个孩子这么胆大,竟敢这样欺负我的孩子,我一定要为我的孩子讨回公道,必须要去找到这个踢人的小男孩,也踢他一脚,让他也知道被踢伤的痛苦滋味……如果我这样做,你们认为行吗?

  ……

  孩子们,你们给了我很多的答案,但是总的来说都不建议我作为家长亲自动手打那个孩子,由此可见,大家都能理智思考,我很欣慰!

  接下来,我想问问大家,如果你是这个被打的孩子,你会怎么处理?

  ……

用心浇灌 收获幸福

下一个问题,阿姨现在认为踢人的小男孩并不是一个"小坏蛋",做出这样的事情肯定是因为不小心,他也不知道自己的举动会给别人带来什么样的伤害,对吗?那么,在我们班谁又是"小坏蛋"呢?

那好,接下来阿姨想知道,在咱们班里,你喜欢什么样的同学呢?(同学们举例,说喜欢团结友好、爱帮助别人、不伤害别人……)

好,大家都是是非分明的好孩子,可话说回来,像这种事情是不是在班里经常发生呢?

下面,我要跟大家沟通应怎样跟自己身边的同学相处。

首先,学会感恩。我们这个班级大家庭的小朋友,还有我们全学校,乃至社会上的人们,大家都是共同生活的人类,特别是同学,这些人陪伴我们成长,朝夕相处,是我们的好朋友,这样的友谊会在我们长大后更加珍贵,比如,我跟咱班有些同学的爸爸妈妈也是同学,现在孩子们又成了同学,大家感觉像亲戚。感恩这些身边的人,他们和我们一起学知识、一起长大、一起有欢笑有泪水,感恩这些人,遇到事情的时候,我们会发现,他们能给我们很多的帮助,有他们在身边真的很美好!

其次,学会尊重。我们的亲人、老师、同学,甚至还有陌生人,都是值得去尊重的个体,每个人又都有他的独立性,他也会有自己的喜怒哀乐和感受,我们不能总把自己的感受和想法强加给别人,不能因为对方不听自己的,就动用小拳头、小脚丫来解决问题。比如,新来到班里的同学,没有太多熟悉的朋友,我们也不了解他,我们要做的是尊重他的独特性,学会欣赏他,用集体去温暖他,多关心一下他是不是有需要帮助的地方,而不是让新同学用拳头来提醒大家他的存在,你们说,对吗?

再次,学会爱。或许,对你们这个年龄,现在说起感恩、尊重,你们还需要一点时间去好好理解,但是阿姨接下来讲的一个词,大家一定明白,那就是:爱!希望我们可以去用这颗纯净的心来爱周围的每一个人,像关心自己的亲兄弟姐妹一样跟同学相处,对有困难的同学多些帮助,对柔弱的同学多一些礼让,那我们都会是彬彬有礼的好少年!

有一些小朋友可能会和今天想突围的小男孩有同样的经历,就是被别人或许有意或许无意地欺负了,自己受伤了,难过了,很想哭……但是不知道该怎么解决。也有一些小朋友是担心自己的爸爸妈妈知道了会来学校跟人家拼命,而不敢告诉他们……

我给同学们几个小建议:

一是勇敢地说不。如果你遇到同学对你做不喜欢的举动,比如有人总是推你,总是踢你,或者总是嘲笑你,要勇敢地告诉他:"不!"而且是要自信地告诉他:"我不喜欢这样!"因为我们每个人都应该被尊重。今天阿姨来到班里,跟大家聊这件事情,换了你们每一个孩子受到伤害,你们的爸爸妈妈、老师都会和阿姨一样着急,而且会永远地站在你们身边,保护你,支持你!所以不要害怕,勇敢地站出来说:"不!"如果你不能够制止他,第一时间找到老师,或者回家告诉自己的爸爸妈妈,我们大家一起来解决困难!

二是勇敢制止他人。你们看到自己身边的同学、朋友受到伤害了,要勇敢地站出来,和其他同学一起,及时制止,避免伤害事件发生。告诉动用武力或者是语言暴力的人:"停止!不要伤害我们的朋友!"如果是你受到制止后,要学会勇敢地面对自己身上的毛病,并承认错误。如果你是"被打闹"的同学,也要学会"化敌为友",主动学会原谅,可能他们并没有恶意,告诉他,只要改正了大家还是好朋友,并且帮助他一起克服想用"小拳头"解决问题的坏习惯!

三是要学会静。根据调查显示,90%的小矛盾,都是在课间不恰当的嬉戏打闹当中发生的。刚才阿姨在走廊等待你们上课时,会看到"风一样的男子、风一样的女子"飞奔过来,又飞奔而去。吓得阿姨缩在墙角,担心会被撞到,卷到风里面去,你们说,这样好吗?(同学们都说"不好")那我想说,我们是大孩子了,在课间,请我们自觉"不吵、不闹、不乱叫"。这里,阿姨送给大家四个字——静能生慧。很快,大家就会步入初中、高中、大学,在未来的学习生活中,我们会渐渐体会"静能生慧"!最好的课间休息是做一些不太剧烈的活动,聊聊天、玩玩正能量的游戏,而不是在外面疯跑疯玩。

用心浇灌　收获幸福

小课间时,大家不要做太剧烈的活动,因为这会造成你记挂着操场的那个球架,在下半节课思考怎么去抢更好的位置,而没有心思在课堂上。

阿姨跟大家沟通的目的是要你们学会怎样与别人相处。刚才也有同学建议我遇到这种事情跟惹事的同学家长说说,那么我们来假设,如果今天的事情很严重,突围的小男孩现在躺在医院里或者……那时候,我再来找防守的小男孩的家长,可能他的家长会代替孩子向我道歉或者赔偿,但是,我们看到自己的爸爸妈妈替自己承担这样的事情开心吗?会不会很内疚?是不是有给他们抹黑的感觉?比较之下,你们是不是都希望自己是爸爸妈妈的骄傲,而不是小肇事精、小麻烦包呢?所以,在每一次想要举起小拳头,抬起小脚丫的时候,想一想,我应该是怎样的孩子呢?

最后,感恩大家给我这样一个分享交流的机会。我的一些朋友告诉我,有时候听到别人讲了很有道理的东西,听听和想想都很激动,但是就是不去行动,那样,可是没有效果的哦。所以阿姨建议大家,从今天起,行动起来,努力做彬彬有礼的好少年,做受人尊重和欢迎的好少年!

在学生心田种下关爱他人的种子

教育部制定的《中小学生守则(2015年修订)》第五条中要求:"孝亲尊师善待人。孝父母敬师长,爱集体助同学,虚心接受批评,学会合作共处。"其中对"爱集体助同学"要求明确,这看上去是小事,可是,从平凡的小事中最能看出一个人真正的修养。

在实际生活学习中,有些学生往往说到做不到。在遇到问题的时候,他们很难做到设身处地地为他人着想,尤其是有些涉及自身利益的问题,他们说起来一套,但是做起来却是另一套。一次调位置的小事就印证了这一点。当然,由于孩子年龄小,他们有些行为可以理解,但是,作为教师,就要对他们及时进行教育引导,帮助他们提高认识,完善自己的行为,在他们的心中种下关爱他人的种子。

一次语文课上,我偶尔发现我班第四排的小王同学看黑板上老师的板书时,会使劲儿地把眼睛眯成一条缝,想把板书看得清楚。不用问,一看就知道孩子的眼睛近视了。看来,我得给孩子调调位置。

下午的班会课上,我想让他和坐在他前面的小李同学调一下位置。小李是一位学习成绩非常好的同学,在老师和同学们的心目中都很优秀,我想,像调一下位置这样的小事,他一定会同意的,谁知我刚说出我的想法后,小李突然站起来大声说:"老师,我在后面看不见。"我疑惑地问:"你的眼睛也近视吗?"小李同学不假思索地说:"老师,我不近视,但是我在后面就是看不见!""那你到后面来试试?"我有些疑惑地说。小李快速来到后面的位

用心浇灌　收获幸福

置,还没站定就果断地说:"我在前面能看见,我在这里就是看不见。"很明显,小李是不愿意到后面一排去。小李的做法真是让我出乎意料,他可真是个自私的孩子呀,我真想狠狠地批评他一顿。但是,像他这样的同学也不在少数,他们平时口口声声说当同学有困难时要主动帮助别人,但是万一牵扯到自身利益时,他们大多又是说的是一套做的是另一套。怎样才能改变孩子的这种自私心理,能让他真正做到关爱同学呢?

　　我没有简单粗暴地批评小李,而是利用下课的时间找他谈心,耐心地对小李说:"孩子,我们平时总是说当同学需要帮助时,我们要关心帮助别人,你是不是也这样说过呢?"小李看看我并没有说话。我拉起孩子的手说:"孩子,想不想听老师讲个小故事?"孩子点了点头,我给他讲了"孔融让梨"的故事。故事讲完后我问孩子:"这则故事告诉我们什么道理呢?""老师,这个故事告诉我们凡事都应该懂得谦让。"小李爽快地说。我高兴地点点头,说:"孩子,你看,这样的道理你都懂,那关心帮助同学是不是只是说说就行呢?当同学真正需要帮助时,你该怎样做呢?"我进一步引导他。"老师,我应该用行动真正帮助同学。"小李边说边低下了头。"那坐在你后面的小王同学,现在,他的个子没有你高,眼睛还近视了,看不清黑板上的字,你该怎么办呢?"我针对今天课上孩子的所作所为进一步教育孩子。"老师,我应该跟他换位,我一会儿回去就跟他换位。"小李抬起头坚定地说。听了小李的话,我欣慰地抚摸着他的头,表示我对他的赞许。小李回去后高高兴兴地和小王换了位置,看到孩子有了这样大的转变,我从心里为他高兴。

　　是呀,在日常生活中,大多数同学对于帮助别人都能说得很好,但是,一旦当别人遇到困难真正需要关心帮助时,很多孩子却会更多地考虑自身利益,而不能真心帮助别人。小李的思想转变也给其他同学上了很好的一课。我在班里特别表扬了小李,并激励同学们在今后的生活中要用实际行动去关心帮助别人。从此以后,小李不光经常主动帮助同学,学习也更积极主动了,变得越来越优秀。在他的带动下,班内也逐步形成了积极主动帮助他人的良好风气。

中国自古是礼仪之邦。崇尚礼仪,培养文明有礼的新一代,不是一朝一夕的事,需要家庭、社会和学校大力配合、共同努力,只有全社会各方面的重视,才能收到更好的教育效果。作为教师,需要更加细心、耐心地关注孩子的点滴行为,并对学生进行有针对性的教育引导,在学生心中种下关爱他人的种子,我们的社会才能更加文明、更加和谐!

用心浇灌　收获幸福

培养学生崇高的理想
——读《尊重学生的理想选择》有感

近日,笔者读了《山东教育》2006年1、2期合刊中的《尊重学生的理想选择》这篇文章,文中提到一名小学生的理想——二十年后,"自己做了普通的农家妇女,深爱着自己的丈夫和女儿,享受着家庭的温馨"。作者对其极为赞赏,甚至夸她"勇敢,是老师的楷模"。笔者作为一名从教及做班主任工作多年的教师,读后深感忧虑,对文中作者所持的观点实在不敢恭维。

所谓理想,是符合客观规律并能够实现的幻想。比如,青少年学生将来想当教育家、科学家、艺术家、慈善家等为实现现代化做贡献,这是符合社会发展规律的经个人努力能够实现的理想。崇高的共产主义理想,是符合人类社会发展规律的理想,是推动人们前进的精神力量,是激励学生努力学习的动力。而一名小学生的理想竟然是"做普通的农家妇女,深爱着自己的丈夫和女儿,享受着家庭的温馨"。恐怕再一般的女孩子只要不出意外也能想到。学生有如此简单的想法不足为奇,因为他们年龄尚小,知识经验不足,认识粗浅。只要他们没有智力障碍,相信通过教师的循循善诱与谆谆教诲,会使他们拥有一个美丽精彩的人生。教师如果对学生的幼稚想法不但不及时进行正确引导,反而大力推崇甚至极为赞赏的话,就让人匪夷所思了!可以想象,如果学生都以如此单纯、如此幼稚的想法作为奋斗目标,他们的一生将会是怎样的碌碌无为,他们又将如何担当起建设21世纪的重任呢?果真如此,何谈孩子的美好前程,更不要说建设我们伟大的祖国了!

第三章 文明·理想

教师的人生观、道德观、价值观对学生有着潜移默化的影响,如果教师对想做"普通家庭妇女"的女生持赞赏态度,那么就会有男生想靠"拣垃圾"谋生,难道教师对这样的学生也要同样赞赏吗?我想答案必然是否定的。面对学生如此幼稚的想法,教师不要讥笑,不要听之任之,要顺势利导:我们可以发明一种仪器呀,即能自动拾取垃圾又能自动将垃圾制造成有用产品,这样不但提高了工作效率,而且又实现了自己的人生价值,同时也为社会创造出更为宝贵的财富。这样的理想教育浅显易懂、水到渠成,我们要让学生懂得树立远大理想的重要性,一个人只有树立了崇高的理想,才会有为之奋斗的动力。也许由于老师及时、正确地引导,一个想以"拣垃圾"谋生的孩子在不久的将来会成为发明家,这绝不是天方夜谭。我们不能把发明创造讲得过于神圣,不要让学生以为搞发明创造是多么高深莫测,只要我们留心周围的一切,敢于开动脑筋去想,敢于亲自动手去做,发明创造就在我们身边,发明家就产生在"普通人"中。当然,必须是有崇高理想,并善于学习、善于发现、善于思考的"普通人"。我们要时刻牢记:"创新是一个民族发展的不竭动力,也只有创新,我们中华民族才能立于世界强国之林!"由此可见,培养学生的崇高理想是多么重要。

文中还提到一个考察美国小学生想象力的资料,"把一个不知名的蛋放进孵化箱会里会孵出什么?一个小家伙回答'可以孵出美国总统里根'"。文中作者认为这是"孩子戏谑的想象、童言无忌式的表白"。笔者却以为,这个小家伙的想象力的确丰富,应该肯定,应该赞赏。爱因斯坦说过:"想象力比知识更重要,因为知识是有限的,而想象力概括着世界上的一切,推动着进步,并且是知识进化的源泉。"比如,过去人们幻想飞到天上去,幻想能长有千里眼、顺风耳,幻想在海底建立城市,幻想有朝一日能长生不老。这诸多幻想推动人们不断去发明去创造,如今,不是有些已经实现了吗?当然,有的理想经过我们自身坚持不懈的努力能如愿以偿,有的理想则需要付出几代人的艰辛才能最终实现,而有的理想则是虽然经过了我们艰苦卓绝的奋斗也未必就能顺利实现,这就更激励着人们不断探索,不断创新。

女孩同样是祖国的希望,祖国的未来,不要以为是女孩子就可以不用树立远大的理想,其实,女孩的素质更决定着一个民族的成败与兴衰。如今科学技术日新月异,再也不是每日面朝黄土背朝天,只求三餐温饱、衣食无忧的年代了,所以,我们必须要引导所有智力正常的女孩子树立远大的理想,要让她们掌握一定的科学文化知识并拥有一技之能,将来才能靠自己的聪明才智建设我们伟大的祖国。如果教师非但自己不培养学生崇高的理想,还要给别人扣上"高格调、口号式理想"的高帽子,甚至还要大张旗鼓地让无知的小学生"做老师的楷模",试问,还有哪位老师敢为学生进行崇高的理想教育呢?学生没有理想,就没有了奋斗目标,没有奋斗目标的民族又将何去何从?

文中还提到"我们的责任是让我们的学生真实而快乐地生活"。殊不知,学生的真实并不意味着全部是真、善、美,学生的快乐中也不乏假、恶、丑的成分。老师与家长要及时正确引导,而不是一味放任自流地尊重他们的所谓理想选择。学生的理想不是先天就有的,而是经过后天的意志努力才得以形成的,它是一种非智力因素的形成。韩金祥认为,理想是一个人前进的方向,一个人一旦树立了远大的理想,也就激起了他对实现理想所做的一切事情的兴趣,在实践过程中,也就锻炼了他坚强的意志,养成了良好的学习习惯。树立远大理想是一个人成才的关键所在,而在小学阶段引导小学生树立理想尤为重要。教师如果只是让学生真实而快乐地生活,就不能培养学生坚强的意志,不利于学生养成良好的学习习惯,学生又怎能成长为建设祖国的栋梁之材?显然,作者的这种想法是不明智的、不合理的,因此,教师引导学生树立远大的理想势在必行。

心理学教授韩永昌认为:"培养学生崇高的理想,把学生引向美好的未来是教育工作者义不容辞的责任。"因此,我们不能盲目地尊重学生的理想选择,尤其是幼稚,甚至不合理的想法。应该明确的是,培养学生崇高的理想与尊重普通劳动者是两码事,不能混为一谈,如果一个人有发明创造的潜能,我们为何还要鼓励他去扫大街、捡垃圾呢?教师的使命是让每个学生得到充分发展,鼓励学生充分发挥自己的聪明才智,把我们伟大的祖国建设得更加美丽、更加富强!

[本文发表于《山东教育》,2006年7、8月]

为孩子插上想象的翅膀

爱因斯坦说:"我相信直觉和灵感。有时我感到是在正确的道路上,可是不能说明自己的信心。当1919年日食证明了我的推测时,我一点也不惊奇。要是这件事没有发生,我倒会非常惊讶。想象力比知识更重要,因为知识是有限的,而想象力概括着世界上的一切,……严格地说,想象力是科学研究中的实在因素。"可见,培养学生的想象力有多么重要。那么,如何培养学生的想象能力呢?读了《教师要培养孩子的想象力》,我真正理解了培养学生的想象力的重要性!

"我们传统的教育观念束缚了孩子的想象空间,中国教育的解放必须从解放孩子的好奇心开始。"著名教育家、武汉大学前校长刘道玉,在武汉枫叶国际学校举行的首届毕业生情况介绍会上如是说。在武汉枫叶国际学校举行的首届毕业生情况介绍会上,著名教育家刘道玉说道:"在学科奥赛上,中国是金牌'常客';但在另一项需要创新力的重大赛事——国际科学与工程大奖赛上,中国却始终难以突破。"中国在这项赛事中获奖数量不少,但获奖分量不足。奥赛强调解题思路和逻辑思维,这些可以通过老师的反复训练获得好成绩。换句话说,奥赛金牌可以通过高强度训练获得。而国际科学与工程大奖赛需要创新,不是老师能训练出来的,在这样的比赛中,中国选手难以获得像奥赛那样辉煌的成绩。当然,很多教育专家、名人志士都已重视到这样的问题,相信我们的孩子也能插上想象的翅膀!

作为教师,我们在教给学生知识的同时,更要注重培养孩子的想象力,这比教授知识更重要!

第四章
教育教学小故事

在教师和学生的朝夕相处中,每天都会有精彩的故事发生,恰如大海里美丽的朵朵浪花,又如海边的一个个精美的贝壳。而这些故事的背后,都倾注了老师的关爱、鼓励、信任和真诚,学生在一个个故事中朝着我们期望的目标茁壮成长。

自信源于鼓励

就要开启愉快的国庆节假期了,下午放学后,我布置完作业,和孩子们互相道别,祝福彼此国庆节快乐。

此时,我们班的小乐同学跳到我面前,开心地说:"老师,我想给你表演个节目。"我有些意外。要知道,我刚接班时,这个孩子可是一句话也不说的,记得光是自我介绍,她就足足憋了有四五分钟,最后也是草草地说了一句就哭着坐下了;和今天的主动为我表演节目相比,真是发生了翻天覆地的变化。我高兴地说:"太好啦!"

孩子开始表演了,开始时,我以为是她专门排练的节目呢,可是看着看着,我发现有很多歌词很多动作都是她自己创作的,而且看上去也很搞笑。我依然颇有兴趣地观看着,还不时给她掌声和鼓励,孩子表演得更起劲了,我也激动地开始给孩子录视频。看着孩子卖力地表演,我由衷地感叹,谁说孩子天生就活泼或者天生就内向呢,看着孩子活泼开朗、充满自信的表演,谁能想到一年前这个孩子在班里却是整天低着头、极度缺乏自信的样子呢?

我清楚地记得,一年前刚接班时,有一次我布置了办手抄报的作业,并一个一个地检查、欣赏。当我检查到小乐的时候,她迅速地用双手把手抄报折了又折,我跟她要她说什么也不给,还倔强地说:"我画的不好,我就是不交。"说着还迅速把手抄报藏到了书包里,无论我怎么要也不给我,只是低着头,也不说话了,一副顽固的样子。我摸了摸孩子的头说:"那你放好吧,老师看着挺好看的呀!""不好看就是不好看。"孩子固执地说,一点情面也不给老师留。

下课后，我一直琢磨着该怎样和小乐沟通，该怎样帮她树立信心。我把小乐叫到我的办公室，拉着孩子的手说："孩子，你的手抄报办得很好呀，老师想欣赏一下，好吗？"孩子疑惑地看着我，我微笑着很确定地点了点头。"老师真的想欣赏一下，你就给我看看吧。"见小乐的眼睛里有了一丝放松，我又拥抱了孩子："给老师看看吧！我们一起去拿好吗？"小乐脸上露出了喜悦，她点了点头。

我领着小乐朝教室走去，来到小乐的位置上，她害羞地说："老师，我这次设计得不是很好，我画的画颜色不好看，下次我一定画个好的！"小乐已经没有了第一次的拒绝，多了几分诚恳，看得出她和老师说的是真心话。我把小乐折得皱巴巴的手抄报小心翼翼地展开，仔细地看着她的手抄报，大声赞美道："哎呀，宝贝，你看你画得多好，版面的布局合理，中心突出，尤其是颜色的搭配非常漂亮。看，你画的这位小朋友表情多丰富呢！"小乐听了我的表扬越来越放松了，眼睛里有了自信的光彩。我又抚摸着孩子的头说："如果不折效果会更好。"小乐高兴地点了点头。

说心里话，小乐的手抄报办得真是很好，她怎么能这么轻易地否定自己呢？为了给小乐重塑自信，我又面向全班同学说："小乐的手抄报做得非常认真，非常美观，大家想不想欣赏呢？""想！"同学们兴致勃勃，异口同声地说。接下来，我在展台上展示小乐的画，并让其他同学说说小乐办的手抄报的优点。大家纷纷赞赏着小乐的手抄报，我发现小乐的脸逐渐红润起来，也渐渐有了笑意。她开心地说："老师，我再画一幅好的交给您！"

"我是快乐的小兔子，蹦蹦跳跳真可爱！"美妙的歌声把我的思绪拉回了眼前，孩子表演完了，我又迎上前去，给了孩子一个大大的拥抱，多么可爱、多么自信的孩子呀！晚上，孩子的妈妈给我发来了信息："老师，多亏了您才有了孩子今天的快乐、开心和自信！"

作为班主任，我为自己能不断给孩子鼓励，帮助孩子找回自信、找回纯真而高兴，我更为自己真正为孩子的心理健康成长着想、给孩子饱含爱心的鼓励而感到骄傲、自豪！

抓住特点进行评价

马斯洛说过:"每个人在出色完成一件事后都渴望得到别人对他的肯定和表扬,这种表扬就是激励人的上进心,唤起人高涨情绪的根本原因。"积极性的评价对于学生的成长所产生的影响是非常重要的。因此,教师要善于发现学生的优点,及时给学生充满鼓励性的口头评价,唤起学生的自信,激发学生进一步提高学习的热情,促进学生的发展。

教师要清楚如何对学生进行口头评价。如根据学生的年龄特点和心理特征进行口头评价;根据学生个性差异和学业情况进行口头评价;在评价中既关注个体,同时也要关注全体。

另外,教师在教学中,一定要因人而异实施口头评价。在对班上比较敏感的孩子进行否定性评价时,我会先扬后抑,比如可以抚摸一下学生的头对他说:"你今天上课听讲多认真呀,如果你写字再认真一些,你会更棒的。老师相信你能写好,加油呀!"对于特别调皮的学生,教师更需要有耐心,以鼓励为主,从正面加以引导,比如可以对他们说:"你是个聪明懂事的好孩子,老师相信只要你想好好学,你一定会表现得更加优秀!"对于学困生,我们要及时发现他们的闪光点,调动他们学习的积极性,比如对他们说:"你今天听讲很认真,加油!""你今天写字很漂亮,继续努力!"对于优等生,我

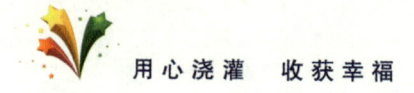

要既给他们一定的鼓励,还要给他们提出更高的目标,比如可以对他们说:"你作文写得很好,再多看点课外书,会写得更好!"我们要时刻想着保护学生的自尊心,避免给他们带来不必要的伤害,处处为学生的发展而努力!

总之,要让所有的学生能通过老师对他们的口头评价,认识到自己的不足与闪光点,找到自己努力的方向,促进每个学生能得到真正的全面发展。当然,老师的评价要适时、适度并富有艺术性,对优点的褒奖应该恰如其分,这样才能调动学生学习的动力。

换个批改符号

批改作业,能让教师了解学生对学习内容的掌握情况,并及时调整教学方案,有针对性地指导学生学习。班上有些同学作业潦草,存在应付作业的现象,老师精心给他们批改作业,他们却对老师标出的错误熟视无睹,对老师提出的改正错误的要求充耳不闻。怎样才能调动他们认真做作业,并及时改正作业中出现的错题呢?我灵机一动:何不换个批改符号,增强作业批改的趣味性,调动学生做作业的积极性呢?

说做就做,写字课上,我和颜悦色地对学生们说:"同学们,老师很喜欢你们,想奖励给你们小五星,想不想要?"学生一听来了精神,异口同声地说:"想要。"我故意吊学生的胃口:"既然想要,老师就给,不过老师有个小小的要求,能答应我吗?"他们又使劲点点头,我说:"其实这个要求并不难,那就是老师要看看你们谁能把作业写得更认真,谁能写得正确才能给,好不好?"学生兴致很高,纷纷表示一定要认真写好作业。开始写字了,学生们都兴致勃勃地写了起来。我尽量采用激励性的语言鼓励他们,学生边写我边巡视,边随手为好一点的同学画上一个红红的五星。学生很珍惜老师给的荣誉,他们写得更认真了,也更带劲了。对于写得稍微差一点的孩子,我也鼓励他们说:"哎呀,你写作业进步很大,奖给一个小五星!"学生听了心里美滋滋的,腰更直了,写的字也更漂亮了。

看来,换个批改符号,一下子调动了学生的积极性,激发了学生写好作业的兴趣,也提高了学生做作业的效率。随着我在作业批改中不断尝试新的批改符号,同学们的作业也在老师不断的创新批改中越来越好。

用心浇灌　收获幸福

借给学生的贴画

　　暑假过后,同学们回到了美丽的校园,开启了丰富多彩的校园生活。由于有些同学在假期中生活没有规律,他们对刚刚开始的学校生活还不够适应,特别是个别活泼好动的同学,他们在课堂上更是坐不住,不是东瞧西看,就是交头接耳,根本不能集中精力。一节课中老师总要提醒他们几次,可还是不见效果,非常影响课堂教学效率。

　　我班的小雨(化名)就是这样一个学生,上课总是扰乱课堂纪律,几位任课老师都向我反映他的情况。我几次找他谈话,他每次都答应得很好,可是总不见一点儿改变,他的作业也是一塌糊涂。到底怎样才能让这个小家伙彻底改变、步入正轨呢？真让人头痛。

　　这不,刚刚下课又有学生来办公室告他的状:"老师,小雨在英语课上又乱说话,还随便下位。"我不假思索地说:"把他叫到我的办公室!"我想,我这次一定要给他来个下马威,杀杀他的威风。

　　"报告!"小雨的声音很响亮,看来,他还根本不知道老师在生气呢。

　　"进来!"

　　只见小雨伸着手,手中好像拿着什么,乐颠颠地跑到我的面前,他兴奋地说:"老师,你看,我捡到了一张贴画。"看着他高兴的样子,我实在不忍心批评他。

小雨小心翼翼地捏着贴画给我看,我发现这是昨天我奖励给上课认真听讲、积极发言的同学的"小太阳"贴画,不知是谁不小心弄丢了。

我看着小雨满脸喜爱的样子,灵机一动,我何不利用这张贴画调动小雨认真听讲、积极发言的积极性呢?

于是,我故作惊讶地对他说:"哇,这张贴画太美了!"

小雨笑眯眯地看看我,又看看贴画。

我故意问他:"你喜欢这张贴画吗?"

"我非常喜欢!"小雨迫不及待地说。

"那你想不想要这张贴画呢?"我和蔼地对他说。

"太想要了!"小雨企盼地望着我。

看着小雨那一双非常渴望的眼睛,我瞬间被他感动了。我想,小雨非常喜欢这张贴画,他也十分想要这张贴画,可是他并没有把捡到的这张贴画藏起来,看来,这张贴画在他心目中是非常珍贵的,甚至是非常神圣的。

看来,小雨不是单纯地喜欢这张贴画,他是喜欢这张贴画所饱含着的老师对优秀学生的认可,那是一种荣耀啊。

想想他上课经常说话,不能按时完成作业,做值日时经常迟到,他的确不该被表扬呀。可是,看着小雨一脸的羡慕,我真该给他一次机会。

于是,我亲切地对小雨说:"那,老师把这张贴画送给你好吗?"

小家伙稍微愣了愣,接着眼睛发亮,高兴地说:"太好了,谢谢老师!"

看到他那么高兴,我转而又想,我要让这张贴画能够真正起到表扬激励的作用,要让孩子真正能够有所改变才行。

我严肃地对他说:"不过,这张贴画可是老师借给你的,你要真正表现好了,上课不能随便说话、要认真听讲、积极举手发言、按时完成作业,这张贴画才能真正属于你,明白吗?"

"老师,我明白,我要好好表现!"小雨充满信心地对我说。

我抚摸着小雨的小脑袋充满关爱地说:"老师相信,你一定是一个非常

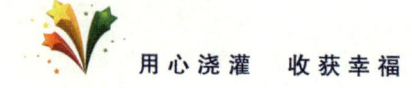

棒的好孩子,你可要加油啊。"

"老师,我一定加油!"小雨下保证似的说。

"那好,接下来老师要看你的表现哟!"我微笑着说。

"好的,谢谢老师!"小家伙说完,深深地给我鞠了一躬。

此后,我惊喜地发现,小雨像变了一个人。他上课时不再随便说话了,每次在课堂上他都能认真听讲、积极举手发言,他的作业也能认真完成了。班里举行的演讲比赛,他积极报名参加,并取得了好名次。其他任课老师也都反映,小雨最近一下子变得懂事了、爱学习了。

看来,这张贴画真是借对了!

属于孩子的快乐

窗外,雪花纷纷扬扬地飘落下来,可把孩子们乐坏了,也难怪,对于整整一个冬天没有见过雪花的孩子来说,这场春雪对于他们来说真像一种恩赐。下了课,孩子们疯也似的跑出教室,边跑边喊边笑,那个快乐劲儿真是无法用语言来形容。

下午放学的时候,我给二组的孩子们说:"今天下雪,我们就不用扫卫生区了,只打扫室内卫生就行了。"孩子们爽快地答应了。十分钟过后,我想孩子们应该打扫完室内卫生了。结果到教室一看,只有组长和班干部在做值日,他们抱怨道:"老师,其他同学不在教室做值日,他们非要去卫生区去打扫卫生。""你们真是负责的好孩子,我到卫生区去看看。"还没下楼,我就听到二组的另外几个孩子的吵闹声,来到卫生区一看,二组的这几个孩子正玩得忘乎所以,每个孩子都拿着一把笤帚乱扫乱打,满头满身湿漉漉的,看着真是让人又生气又心疼。我把这几个孩子喊到教室里,生气地问:"老师明明说卫生区不用打扫了,你们为什么不听呢?你们哪里是打扫卫生区,简直是卫生区大战。"孩子们知道错了,低下了头。

这时窗外有很多高年级的孩子正欢快地打雪仗,欢笑声不时吸引着孩子们,他们或偷偷转头看,或竖着耳朵听窗外孩子们的嬉笑声,无不露出羡慕的神情。看着孩子们可怜巴巴的样子,我顿时心软了。仔细想想,我又何尝不为这样一场春雪而激动呢,只是孩子们的表现更直接、更天真而已。况且,这样的一场春雪如果没有了我班孩子们的嬉闹声,那会变得太寂寥了。

想到这里,我转而用温和的语气问大家:"孩子们,你们喜欢雪吗?""喜欢!"孩子们顿时眼睛放光,似乎忘记了刚才我对他们的批评,异口同声地说。"那你们是不是更喜欢玩雪?""是!""老师,我想堆雪人!""老师,我想打雪仗!""老师,我想在雪地里画画!"孩子们顿时忘了刚才的不愉快,争先恐后地说着。我顿了顿说:"其实,老师也喜欢玩雪!"孩子们听了我的话,高兴得脸上乐开了花。接着,我又卖关子似的说:"那你们知道刚才老师为什么生气吗?"孩子们顿时不说话了,小脸也拉长了。我关爱地说:"孩子们,想玩雪也要先保护好自己,要护住头,老师怕你们淋感冒了,耽误上课可不好!如果你们能学会保护自己,等做完值日后,我们一起去玩雪好吗?""太好了,太好了!"我话音刚落,孩子们欢呼雀跃起来。

  我和孩子们愉快地做完值日,然后开心地在操场上玩呀,乐呀!其实,孩子们玩起来哪还顾得上冷啊、脏啊什么的,我也似乎回到了快乐的童年。

  第二天的语文课上,和我一起玩雪的孩子,情绪高涨,精神饱满,学得似乎从来没有这么带劲儿过。课下,他们还津津有味地向其他同学炫耀着昨天和老师一起玩雪的场景。静下心来想一想,老师对于孩子过度的好心保护有时不一定是孩子所需要的,作为班主任也许更应该拥有一颗童心,想孩子所想,乐孩子所乐,孩子们需要的也许恰恰才是他们人生最宝贵的财富,正像我们那有关童年的美好回忆,更是千金难求!

同学之间游戏要有分寸

最近,学生在大课间站队做操时,有些同学总是打打闹闹,不听从纪律委员的管理。下午放学后,班里负责纪律的同学把名单给了我,我看到前几位是平时特别爱说话的学生的名字,后面还有体育班长小牛的名字。我想,我周一班会课才强调了纪律要求,这才两天的时间,这几个孩子怎么忘得这么快,看来他们完全不把老师的话放在心上。现在,连体育班长也加入了他们的行列,看来,我得找他们来好好问个清楚。不然,其他同学也会跟他们学,孩子们会越来越乱的,到时班级纪律会更加松散,甚至会影响班级风气。

我把这几个学生叫到办公室询问情况,起初,他们都随意搪塞:"老师,我们不是故意的,下次我们一定注意。"他们没有具体说明打闹的原因,也没有真正认识到自己打闹对班级纪律的影响,这样还是起不到作用的,下次他们还是会照旧打闹。

我单刀直入,问体育班长:"小牛,你是班干部,怎么也带头违反纪律呢?"

小牛解释道:"老师,我看见小坤站着站着突然向一边歪,差点摔倒,我是上前去拉他并告诉他要小心才影响纪律的。"

听小牛一说,小坤突然委屈地流下了眼泪,他边哭边说:"老师,小宁总是踩我的脚,而且踩得很疼,我躲他差点摔倒,我是不让他踩我才违反纪律的。"

用心浇灌　收获幸福

听小坤一口气说了这么多，小宁却默不作声，只是低着头。看来，小坤的确是无辜的。

我疑惑地问小坤："你知道他为什么踩你吗？"

"老师，小宁总是和我们玩这种幼稚的游戏，他可以肆无忌惮地对待我们，有时候踩我们的脚，有时候拍我们的头，有时候装着晕倒让我们去救他。"小坤擦了擦眼泪，继续说道，"我们都不想和他玩这样的游戏，可是他总是缠着我们，每次我们都很无奈。"

原来，这次事情起因在小宁，小宁和其他几位同学玩的是一种网络游戏，类似于小孩"过家家"：小宁把小坤和其他同学当作大哥哥或长辈，这样他就可以在小坤和其他同学的面前撒娇，然后做各种略显过分的动作。因为"身份"的原因，小坤和其他同学就得处处让着小宁。开始大家都感觉好玩，可是时间长了，大家就吃不消了，所以就发生了矛盾。

我真想狠狠地批评小宁并直接制止他的行为，告诉他以后不要再玩这样的游戏。但是转念一想，现在的孩子接触网络的机会比较多，他们模仿网络中的人物角色玩耍，至于这样是好是坏，不能简单定性。不过，小宁的行为已经严重影响到了其他同学，违反了学校纪律，怎样才能让他认识到自己的问题呢？

于是，我耐心地引导小宁："你想和同学玩游戏这本无可厚非，玩有意义的游戏可以融洽同学之间的关系，是大家都很开心的事。但是，如果你玩游戏时只顾自己开心，自己尽兴，而别的同学不高兴，甚至都不想跟你玩儿，那你玩的这个游戏是否还有意义呢？你要考虑考虑。"小宁听了我的话，摇了摇头。

我继续引导他："老师有个建议，以后玩游戏不要只顾自己高兴，也要考虑到他人的感受，更不能违反学校纪律，好吗？"

小宁若有所思地点了点头。

"那你以后怎么和同学玩游戏呢？"我问小宁。

小宁红着脸说："老师，我以后玩游戏不能光想着自己开心，也要考虑同

116

学的感受,不玩过分的游戏。"

我拉过小宁的手,说:"老师相信你会做到的。"

接着,我又拉过其他两个孩子的手,问道:"你们相信小宁吗?愿意给他个机会吗?"两个孩子也友好地点了点头。

我说:"你们互相握握手吧,老师希望你们以后还是好朋友,今后要正确面对游戏,让游戏帮助你们成长,让游戏为你们的生活增添快乐,促进同学之间的友谊。"

三个孩子开心地笑了,一场因游戏产生的同学之间的矛盾化解了。

可是,我内心的疑虑还没有消除,孩子之间玩这种网络游戏到底好不好呢?一个孩子老想扮演弱者得到别人的同情,或者通过撒娇"欺负"其他同学,他到底有什么心理呢?针对这些问题,我及时和小宁的妈妈进行沟通,了解小宁在家的情况。通过沟通,我了解到小宁的妈妈对孩子比较民主,在家中有时候也玩这种游戏,家长说以后提醒孩子注意不能太过分。接着,家长向我表达感激之情,她认为老师这种处理方法非常好,既保护了孩子的自尊心,又能让孩子认识到做游戏不能过分,还巧妙地化解了同学之间的矛盾。

是呀,现在的孩子接触网络信息越来越方便,让不让学生玩游戏,不能一竿子打死。我们如果杜绝他们玩这个游戏,那他们还会有其他的游戏,我们不可能一一制止。作为老师,对于学生中出现的新问题,我们不能用老思想、老办法来解决。教师要积极引导学生,并和家长沟通达成一致意见,让学生合理玩游戏,注意分寸,不能伤害其他同学,这样才能有利于身心健康成长。

用心浇灌　收获幸福

孩子，告诉你个好消息

　　一次作文课上，我给孩子们讲完作文，他们便开始认真列提纲，然后津津有味地开始写起了作文。同学们快乐地沉浸在写作中，洋洋洒洒，我真想快点看到他们的小作文，感受他们的真情实感。

　　可是，我忽然发现坐在中间的小敏却在那里眉头紧锁、唉声叹气，我走到他跟前一看，发现他一个字也没写。我没有批评，而是耐心地给他讲要如何来写这篇作文。我接着巡视其他同学写作文的情况，大家都认真地写着。五分钟过去了，我又来到小敏的面前，他还是坐在那里苦着脸，一直也没有动笔。我没有再提醒他，回到讲台上，只见小敏依然一副不着急的样子，却不停地回头看看挂在墙上的钟表，好像就等着下课铃声响起。他为什么不写呢？按理说应该不是不会写，我真替他着急。如果我直接提醒他快点写，可能只会引起他的反感，会导致他对写作失去兴趣。

　　那么，怎样才能让他快速开始写作文呢？此时，我突然想到一个好主意——告诉小敏一个好消息！他听了好消息也许会好好写作文的。昨天，我刚接到通知，我们班有几位孩子的作文在全国青少年冰心文学大赛中获了奖，小敏取得了银奖，我还没来得及告诉他们呢。此时，我想把这个好消息先告诉他，给孩子一个激励。我来到孩子的面前，趴在他的耳朵上笑嘻嘻地给小敏说："孩子，告诉你一个好消息，你的作文在全国的比赛中获得了银奖的好成绩，老师向你表示祝贺！"小敏听了我的话，脸上顿时流露出喜悦的神情，他高兴地说："谢谢老师！"我继续鼓励他："你的作文写得多棒呀，老师相信你写得作文会越来越好,老师也期待着你的作文能再次获奖。"

给小敏说完这个好消息后,我若无其事地去巡视其他同学,同时悄悄看他,只见他已经静下心来,开始认真地写作文了。

小敏一气呵成,不一会儿就把作文写完了,他高高兴兴地拿给我看,只见字迹清秀、脉络清晰。小敏的作文充满真情实感,我读着孩子的作文,甚至感动得流下了眼泪,我真为他能在这么短的时间写出这样流畅的作文而感到开心、感到高兴。

从此,小敏变得更爱写作文了,他经常把写好的日记拿给我看,他的作文也陆续在《小学生报》《小学生作文》等报刊杂志发表。我想,幸亏我当时没有批评他,而是告诉了他一个好消息。

用心浇灌　收获幸福

给调皮的孩子上个"紧箍咒"

新学期开始了,班内很多学生在老师的指导下都制定了新学期的学习计划,并迅速进入了积极学习的状态。可是,班里有个别同学总是心不在焉,上课不认真听讲,放学后不认真完成老师布置的家庭作业,我尝试用表扬的方法不行,批评的方法也不行,真是令人头疼。如果不能快速找到转变他们的办法,不光他们纪律涣散、学习成绩上不去,还会影响其他同学,甚至影响整个班级,这样下去,班级工作会更加难做,怎么办呢?

小李就是这样一个同学,他每天像个活宝一样,上课不认真听课,一副好动的样子,一会儿也坐不住。他的作业字迹潦草、很难辨认。这不,又有同学来告小李的状了。看来,事不宜迟,我必须尽快扭转他这种随随便便的样子。

小李特别爱干净,做事情也比较有毅力,这是他的优点。我想,只要我找对方法,相信他一定会有所转变的。我决定根据小李的特点,给他安排个"重任",也就是给他上个"紧箍咒"。

放学后,我把小李喊到我的办公室。孩子一脸慌张地来到我面前,好像做好了被批评的准备。我却拉过他的手,温和地对他说:"孩子,我看你这几天表现比较好,老师想给你个重任,你能接受吗?"

孩子听了我的话,顿时两眼放光,他也不问我是什么重任就迫不及待地回答:"老师,我能接受!"

看他急切的样子,我接着问他:"你先告诉我,你有没有信心完成老师的任务呢?"小李挺起了胸脯,使劲地点点头,果断地说:"老师,我有信心完成任务!"

"那好,今后班级里检查卫生的工作就由你来负责,这个工作可不是很好做,你要负责保持班级内和卫生区的卫生始终干净整洁。你不仅要监督其他同学不能随手乱丢垃圾,还要做到有垃圾要及时打扫,你能完成这个任务吗?"我一口气给小李提出了很多要求。

小李仍然肯定地说:"老师,我一定能行!"

我和小李拉了拉钩,笑着对他说:"那好,我们一言为定!"

小李爽快地接受了我安排给他的重任,他似乎站得更直了。

小李说到做到,每天早晨,他比别人要早到五分钟,等同学们到的时候,他已经把班级卫生检查了一遍。每天课间,他都飞快地跑到卫生区认真检查卫生,检查好后才去卫生间,或者去做自己喜欢的事情。有时,他还积极给我汇报发现的个别同学不讲卫生的情况。就这样,小李每天坚持着,我也及时表扬他。一段时间下来,小李不但卫生工作做得好,其他方面也有了很大的转变。他上课精力集中了,回答问题积极了,做什么事情都能有条不紊了,作业也不再拖拖拉拉了,他的责任心明显增强了,各科任课老师也都反映小李变化太大了。

后来,小李的爸爸专门给我打电话夸小李在家的表现,他说:"孩子在家真是大变样了,回家就主动写作业,也能帮大人做事情了,还知道照顾妹妹了,简直像变了一个人似的。"小李的爸爸再三向我表示感谢:"多亏颜老师对孩子的信任,给孩子安排了重任,把孩子的积极性调动起来了,孩子才有了这么大的转变!"

听了家长的话,我为孩子的转变而感到由衷的高兴,也为自己的这一明智之举感到欣慰。

后来,我针对班级内其他几个调皮的学生,也根据他们的特点分别委以重任,孩子们非常兴奋,认真负责,也收到了显著的效果。

看来,老师机智地给孩子上个"紧箍咒",不仅能约束孩子不良的行为,更能唤起孩子的责任心,让他们富有责任感。今后我要给更多的孩子安排相应的任务,针对孩子的不同个性,给他们安排适合他们特点的任务,从而帮助他们树立自信心,促进他们的进步。

用心浇灌　收获幸福

画像 = 爱心

　　一个大课间,我正在办公室批改作业,忽然,我班的几位同学手里拿着什么笑嘻嘻地跑到我跟前,他们兴奋地说:"老师,送给您。"孩子们边说边递给我,我高兴地接过来,一看是几幅画像。孩子们争先恐后地说:"老师,美术课上老师让我们画肖像,我们很喜欢您,所以就画了您的肖像。老师,您看像不像呀?"我边听边欣赏着同学们的画,我故作诧异地说:"你们都画的我呀?""是呀,老师,我们同学都画的您,我们都非常喜欢您!"听了同学们童稚的、乐呵呵的表白,我内心无比感动。学生们已经是三年级的大孩子了,从一年级到三年级,我与他们相伴一千多天,这是他们对我的最真诚的爱意,更是对我的肯定。

　　回顾这学期刚刚开学的第一天和他们相见的情景,我刚从窗户外边经过,就听到教室内好几位同学兴奋地说:"我看到颜老师来了!""颜老师真的还教我们呢!"听他们的兴奋劲儿,真像久别重逢的老朋友,又像好长时间没有见到妈妈的孩子一样。我感到每个孩子都是那么可爱,那种亲近感让我从心里感到无比的幸福。我还没来到教室就亲切地问:"哪位小宝贝看到我了,老师真想你们了,我们好久不见了,你们想我了吗?""太想了!""老师,我天天想你!"同学们争先恐后地说,真是一群天真可爱的孩子。作为班主任,我对他们管理严格,但也更爱他们,能得到他们的认可,我心里也乐开了花。

　　"老师,我真怕你不教我们了。"小丽好像舒了一口气。

小丽是我们班很活泼的小女孩,假期前快放假的时候,她就和几个同学拽着我的手一遍遍地问我:"老师,你还教我们吗?你三年级还教我们行不行?"看着她可怜巴巴的样子,我抚摸着她们的头说:"好!"几个孩子这才放心地高高兴兴地走了,假期里我见到小丽的妈妈,她高兴地说:"孩子整天担心你到三年级不教她呢,天天说想颜老师,我都要吃你的醋了。"听了小丽妈妈的话,我非常感动。这个小丽,在班里属于年龄小的孩子,她刚上小学一年级的时候,聪明伶俐,但是由于年龄小,她在写字、读书方面比别人要慢一些,我总是耐心地鼓励她,时常手把手地教她怎样握笔,怎样把字写得工整,怎样坐得端正,只要她稍有进步,我就表扬她。她也特别亲近我,只要我说的话,她都乖巧地答应,如今,她更聪明伶俐了,学习成绩也是遥遥领先。

　　又有一些孩子陆续给我送来了画像,看着孩子们用心画出的这一幅幅或幼稚、或美丽的画像,幸福之感油然而生!我感受着孩子们对我那份沉甸甸的爱,更想为孩子们付出我更多的、更真挚的爱!

第五章
实践活动促发展

　　社会实践活动,旨在培养学生的实践能力、观察能力、合作意识、创新精神等。在实践活动中,学生的综合素质能得到进一步提升。那么,班主任要根据一定的培养目标,依据学校总计划有针对性地开展实践活动,在活动中既要尊重学生的个性化发展,又要促进团队合作意识;既注重各类知识的习得,又要注重各项能力的提高,让学生在各项喜闻乐见的实践活动中得到全面发展。

追寻教育脚步　感恩教师奉献
——记参观中国教师博物馆活动

为了激发学生对教师的尊敬之情,感受一代代优秀教育工作者为了祖国的教育事业所付出的艰辛努力,更全面地了解和感悟中华民族悠久的教育发展历史,2018年11月13日上午,我带领班级全体学生,到美丽的曲阜师范大学参观中国教师博物馆。

上午十点,同学们在我的带领下兴致勃勃地来到曲阜师范大学校园内,参观中国教师博物馆。在老师和博物馆工作人员的精心组织下,同学们参观了"教师概述""教师之祖""教师之道""教师之所""名师堂""群像馆""中国教师走向世界"等展览区。同学们十分认真地听着讲解员的介绍,领略了我国教师教育的历史传承和文化渊源,深切感受了我国教师教育的深厚底蕴,了解了我国教育发展的历程,被一代代优秀的教育工作者执着奉献的精神所感动。博物馆内的一件件文物、一幅幅图片、一个个雕塑等,无不生动地向小学生们述说着中国教师的故事,呈现着中国教育的变迁。在自由参观阶段,同学们在感兴趣的展区不时驻足细看。有的同学围在孔子雕像前翻阅着传统文化典籍著作;有的同学驻足在最美乡村教师展台前倾听爱的教育心声;有的同学在田家炳展区相互交流着;有的同学好奇地看着教具展区的不同时代的不同教具;有的同学欣赏着毛笔书写的作业……同学们还不时兴致勃勃地向讲解员询问,讲解员耐心讲解着,"这是我国第一代计算机,现在珍藏于曲阜师范大学图书馆","这是早期使用的幻灯片播放机",同学们听得津津有味。在著名教育家叶圣陶先生的展区前,讲解员更加细致地讲解着:"同学们,这是叶圣陶先生的一篇手抄文稿,你们看叶圣陶

用心浇灌　收获幸福

先生的字迹写得多么工整,你看他对自己的文稿修改得多么认真啊……"同学们都认真聆听着,并不时发出感叹:叶圣陶作为一位著名的教育家,对待自己的文稿都那么认真,一遍遍地进行认真的修改,今后自己一定要认真学习。

　　一个多小时的参观活动很快结束了,在返回的路途中,同学们仍意犹未尽,还在热烈地交流着自己对教师博物馆的感受。通过参观中国教师博物馆实践活动,同学们了解了中国教师和教育的历史变迁,感受到了中国教育的发展历程,激发了学生对教师的敬仰之情,以及他们热爱学习、追求上进的学习热情,进一步弘扬了中华民族尊师重教的优良传统。

文明礼仪教育润心田
——记参观孔子文化礼仪学校活动

目前,有些学生的确缺乏文明礼貌,不讲礼仪规范。子曰:"不学诗,无以言;不学礼,无以立。"为了进一步培养学生讲文明、懂礼仪的良好行为,创建文明和谐的良好氛围,2015年11月3日上午,在班级家长委会成员的配合下,我们带领班级内的所有学生步行来到曲阜孔子文化礼仪学校参观学习。

在礼仪学校老师的带领下,同学们首先参观了校园。在高大的孔子像前,讲解员为同学们讲解了孔子关于"礼"的思想,同学们驻足仰望、沉思,好像在聆听孔子的教诲。接下来,同学们在讲解员的带领下兴趣盎然地走进知音坊、对弈轩、丹青社、文房阁等教室参观学习,感受浓厚的"礼"的文化氛围。在二楼的文明礼仪小礼堂,礼仪文化学校校长为同学们做了关于"礼"的课程讲座。校长的言谈严谨又不失风趣,同学们对讲座内容兴趣浓厚,听得津津有味。通过认真听讲座,同学们认识到生活中"礼"的重要性,也体会到学习礼仪要从小事做起,做人要从孝顺父母开始。最后,同学们在餐厅就餐,期间做到了"食不言",生动形象地学习了进餐礼仪,并懂得了感恩他人是一种美德。

用心浇灌　收获幸福

参观过后,我让学生积极交流参观学习心得,同学们纷纷表示,曲阜是文明之邦、首善之区,作为孔子故乡的小学生,今后一定注意自己的言行举止,一定以一个文明学生的标准来严格要求自己,争做文明小学生,争做文明班集体。通过本次参观学习,文明礼仪教育滋润了每个学生的心田,相信学生心中一定会开出文明礼仪之花。

我们手拉手 同在蓝天下
——记"献爱心,送温暖"活动

关心帮助贫困山区儿童是全社会的责任。作为教师,首先要以身作则,用实际行动关心帮助贫困山区儿童,更要引导学生从小就要力所能及地向贫困儿童伸出援助之手,为贫困儿童送出自己的爱心。2014年12月22日下午,我在班级组织了为贫困山区儿童"献爱心,送温暖"活动。此次活动主要是在老师的带领下对口帮助云南红河州弥勒市东山镇大朴坎小学学生,为那里的学生捐赠棉衣棉裤,让山区孩子温暖过冬。

为了让学生认识到捐赠活动的意义,我首先召开了"我们手拉手,同在蓝天下"主题班会,通过图片、文字等形式向同学们展示了山区孩子的生活和学习环境。当学生了解到山区的孩子们上学要走几公里,甚至是几十公里的崎岖小道,一路艰辛才能到学校,而且有的孩子因为家庭贫困,冬天缺少棉衣棉裤,不能温暖过冬时,班级的孩子们纷纷表示要向山区孩子伸出援助之手,让山区的小伙伴温暖过冬。

班会课最后的环节,老师和同学们进行爱心宣言:我们手拉手,同在蓝天下!紧接着,教师和同学们纷纷伸出友谊之手,尽绵薄之力,献一份爱心,为山区的孩子捐出了自己准备的棉衣棉裤。曲师大文学院志愿者协会成员热情接收了师生捐赠的棉服,他们表示会尽快把大家的爱心衣物送到云南对口支援学校的小朋友们手中,让孩子们尽快穿上暖和的棉衣。

用心浇灌　收获幸福

　　"赠人玫瑰,手有余香。"通过本次"献爱心,送温暖"活动,我们不仅帮助了贫困山区的孩子,为他们送去了温暖,还增强了同学们的爱心意识、社会责任担当意识。同学们都说,一定会珍惜自己现在拥有的幸福生活,发奋努力,掌握本领,将来为社会做出自己更大的贡献。

大手牵小手　携手度立夏
——三年级一班传承传统文化实践活动

立夏,是农历二十四节气中的第七个节气,是夏季的第一个节气。立夏至,标志着夏季的来临。斗指东南,维为立夏,万物至此皆长大,故名立夏也。为了让学生进一步弘扬传统文化,了解中国的节气——立夏,以及有关立夏的习俗,2016年5月5日下午,我带领班级学生联合曲阜师范大学文学院部分志愿者以及济宁学院第二附属小学的部分学生,在我校教学楼前开展了"大手牵小手,携手度立夏"的知节气、庆民俗活动。

活动伊始,文学院志愿者为孩子们讲解有关"立夏"的来源及相关民俗文化知识。立夏节气,在各地有不同的习俗,比如,根据史料记载,我国古时民间形成了立夏时吃粥、挂蛋等习俗,还有民间传说立夏这天喝立夏粥可保一年平平安安、无病无灾,虽然只是传说,却寄托了人们对美好生活的向往。

紧接着,文学院的志愿者们介绍了古代人们非常重视的立夏习俗。据记载,立夏这天,帝王要率文武百官到郊外举行迎夏仪式。君臣一律穿朱色礼服,配朱色玉佩,且马匹、车旗一律朱红,以表达对丰收的祈求和美好的愿望。通过志愿者的介绍,孩子们了解到更多的有关立夏的习俗,增加了孩子

们对了解立夏等节气的浓厚兴趣。文学院的志愿者们还为孩子们呈现了精心准备的古风舞蹈,孩子们陶醉其中,深深感受着传统文化的魅力。

接下来是立夏节画彩蛋、编蛋篓的环节。伴随着欢快的《二十四节气歌之立夏》的优美旋律,同学们在煮熟的鸡蛋上认真描画着自己喜欢的图案,不一会儿,就创作出一个个构思奇异的彩蛋。有的同学心灵手巧,编织出了五彩的丝线蛋篓。同学们相互观摩、相互交流,精美的彩蛋被装入了五彩的蛋篓中,同学们提着彩蛋相互祝福,相互祝愿,祝愿大家幸福长久,祝愿祖国繁荣昌盛。

"谁是斗蛋王"是本次活动的最后一个环节,也将本次"大手牵小手,携手度立夏"活动推向了高潮。在民间,有"立夏吃蛋,石头踩烂"的说法,意思是立夏吃蛋,人就会劲头足。孩子们脖子上挂着用丝线编成的蛋套,里面装入刚刚画好的彩蛋,兴奋地相互用力撞着彩蛋。蛋头斗蛋头,蛋尾碰蛋尾,通过一轮轮互相敲击,分出胜负。同学们格外紧张,格外兴奋,最后,小心同学准备的彩蛋将对手一个个击破,成了最后的赢家,大家纷纷报以热烈的掌声。

本次"大手牵小手,携手度立夏"活动给同学们上了一堂生动的传统文化课,同学们对立夏有了更加直观的感受,加深了对传统节日的理解,进一步培养了同学们对民族传统文化的热爱,有利于传统民俗文化的传承。

附：

二十四节气歌之立夏

作词：于金龙
作曲：宋　毅

风逐雷雨虹并霞
柳絮飞尽望槐花
藤蔓条条登高去
今日节气说立夏
春天走了夏季来
万物茂盛槐花开
气温升高太阳晒
农物生长似比赛
田间蝼蝈鸣　蚯蚓爬出来
王瓜处处有　挖掘小野菜
雷声儿滚滚千里外
雨珠儿点点落下来
风逐雷雨虹并霞
柳絮飞尽望槐花
藤蔓条条登高去
今日节气说立夏
春天走了夏季来
民间习俗莫忘怀
皇帝百官站郊外
祈愿丰收真愉快
五彩绳斗蛋　孩子挂胸怀
一杆大木秤　称出好运来
正气充足天地开
神清气爽心自在
神清气爽心自在

用心浇灌　收获幸福

畅游竹泉村　亲近大自然
——记游竹泉村社会实践活动

2017年5月7日,在我班家委会的精心组织下,五年级二班的全体同学乘车到临沂市竹泉村和红石寨进行社会实践活动。

孩子们在各自家长的带领下首先游览了竹泉村。竹泉村泉水绕村,竹林幽静,竹林、泉水、古村落融为美的化身,同学们都陶醉在这个独具特色的村庄美景之中。

红石寨植被翠绿,山势平缓,这里更是孩子们快乐的天堂。他们自由地奔跑,欢快地漂流,孩子们天真快乐的笑声不时回荡其间。

通过本次实践活动,孩子们亲近了大自然,促进了亲子关系的发展;同学们也懂得了团结互助,培养了集体荣誉感。

珍惜粮食　从我做起

　　珍惜粮食是对他人劳动的尊重,是对社会资源的节约,更是个人文明素养的体现。据统计,全球每年约三分之一的粮食被损耗和浪费。孩子是祖国的未来,民族的希望,所以,对孩子进行珍惜粮食的教育就尤为重要,为此,我们组织了"制作饼干,珍惜粮食"的实践活动。

　　11月9日上午,伴随着《饼干舞》欢快的节奏,我们二年级一班开展的"饼干DIY"课外实践活动在同学们的欢声笑语中拉开了序幕。

　　颜老师给同学们讲了《一粒种子》的故事,又带领大家观看了视频《一粒大米的倾诉》。通过观看讲解,同学们了解了种子发芽、成长的奇妙过程,深深认识到从一粒粒种子到香喷喷的米饭需要经过的漫长季节等待和付出的辛苦劳动,也真正理解了"谁知盘中餐,粒粒皆辛苦"的深刻内涵。

　　接下来是同学们最为期待的做饼干活动了。大家拿着小小的擀面杖开始做面饼。揉一揉,擀一擀,盖上模具,再仔细地从面板上刮起来,专注而又用心。他们还不时地观摩一下其他同学,看看怎样把饼干做得更漂亮。你帮帮我,我指点指点你,偶尔再悄悄舔舔手上的果酱,欢乐的笑声此起彼伏。老师和随行的家长们也纷纷加入了制作饼干的队伍。很快,一个个形状各异、精巧可爱的饼干做成了,不一会儿,烤箱中散发出饼干的芳香,孩子们的欢笑声融汇成一首温馨美妙的乐曲。

　　"谁知盘中餐,粒粒皆辛苦","爱惜粮食,杜绝浪费","一粥一饭,当思来处不易;半丝半缕,恒念物力维艰"。当这些稍显生硬的说教遇到轻松快乐的课外实践活动,一切都发生了微妙的变化。有的学生说:"我一上午就

用心浇灌　收获幸福

做了这几个饼干,太不容易了,以后我再也不随便浪费粮食了。"有的学生说:"做饼干锻炼了我的耐心,一着急就做不好。"有的学生说:"和小伙伴一起做饼干,分享劳动成果,我感到很快乐。"轻松愉悦的实践活动,既锻炼了孩子们的动手能力,加强了彼此之间的交流沟通,又陶冶了同学们的情操,让孩子们懂得了珍惜粮食的意义,教育的目的在润物无声中便达到了。

附：

勤俭节约主题教育案例
——"努力建设节约型校园"主题班会

班　　级:小五(2)班　　　　　　班 主 任:×××
班会时间:2017 年 5 月 15 日　　班会地点:小学部五(2)教室
主 持 人:×××　×××　　　　班会关键词:建设节约型校园
班会参加人员：小五(2)班全体师生

班会背景：

为积极响应国家建设节约型校园的号召,引导学生牢固树立"节约光荣、浪费可耻"的观念,进一步增强勤俭节约的紧迫感和责任感,树立健康的生活方式和科学的消费理念,构建和谐、节约型校园,让节约的理念深入人心,从现在做起,从我做起,从点滴做起,特召开本次主题班会。

班会目的：

1.通过这次主题班会,使同学们意识到身边浪费的严重性。

2.教育学生懂得勤俭节约是中华民族的优良传统,也是一个小学生应具有的美德。

3.教育学生互相督促,养成良好的节俭习惯,并号召全体同学参与到建设节约型校园的活动中来。

学习重点：

让学生获得一种情感体验,真正体会到勤俭节约的重要意义,养成节俭习惯。

准备工作：

1.展示图片"饥饿的非洲"，播放视频《中国式的剩宴，舌尖上的浪费》。

2.做好校园内的浪费现象调查，出示取材于校园中的浪费粮食、水、电的照片。

3.结合自身及自家情况，分小组搜集关于节粮、节水、节电等方面的"金点子"。

4.请同学们拟一份有关勤俭节约的宣传标语和倡议书。

5.小品等节目的排练。

班会流程：

课前播放音乐《勤俭之歌》。

环节一：主持人上场　揭示班会主题

1.主持人朗诵《节约美德》。

随手关灯一小步，节约能源一大步。

节约能源做得好，省钱省能又环保。

节约能源一起来，好山好水好将来！

2.揭示主题——努力建设节约型校园。

3.宣布五年级二班主题班会开始。

环节二：播放浪费图片　讨论浪费行为

1.生活中，是不是每个人都能做到节约呢？请看我们班的小记者采风。

2.从刚才的图片中你看到了校园内存在哪些浪费现象呢？

3.经过调查分析，请大家对照一下，看看自己存在哪些浪费行为呢？

4.是呀，我们应该做到珍惜粮食、珍惜用水、节约用电、节约笔墨纸张，等等。

小结："历览前贤国与家，成由勤俭破由奢。"节约无小事，责任大于天。

环节三：分小组交流争做节约学生的好建议

1.各小组针对搜集的资料交流、讨论。

2.选派代表上台来展示。

(1)第一组展示:勤俭节约小故事。

(2)第二组展示:配乐诗歌朗诵——《水是生命之源》。

(3)第三组展示:情景剧《小诗后悔了》。

(4)第四组展示:关于节俭的名言、谚语。

(5)第五组展示:勤俭节约倡议书。

3.发出号召。

环节四:勤俭节约成长树

1.同学们,创建节约型社会,人人有责,那我们能做些什么呢?

2.看,这里有一棵"成长树",请大家观察一下,它美吗?请你给它装扮一下好吗?

3.现在同学们六人一组交流自己的想法和做法,然后,把它写在"绿叶"和"果实"上,贴在大树上,给大树穿上美丽的新衣服。交流开始!(学生六人一组进行互动、讨论和商议,每组派一名学生,代表本组同学在全班交流,并把"绿叶"和"果实"贴到大树上)

4.同学们,瞧,"成长树"上结出了一个个"快乐果",让我们大家都感受到了成长的喜悦。

5.一片片绿叶和一个个果实告诉我们——在生活中要坚持节约,杜绝浪费!

环节五:班主任寄语

通过本次活动,学生们认识到"努力建设节约型校园"的重要性,他们也能认识到做一个勤俭节约的学生是多么的重要,勤俭节约要从我做起,从节约一滴水、一粒米开始。

班会反思:

如今的孩子,大多是独生子女,生活物质条件较好,他们大部分不懂得勤俭节约的意义。通过本次主题班会,同学们认识到勤俭节约的重要意义,并认识到节约用水、适度用电、随手关灯、合理饮食、变废为宝等节约的重要性。这些虽然都是小事,但果大家每个人都能做到,每年也可以为国家节省很多资源。勤俭节约,从自我做起,从小事做起,共创节约型校园。

附(主题班会支撑材料):

一、主持人主持词

  1.开场白

  A、B(合):老师们,同学们,大家下午好!

  A:随手关灯一小步,节约能源一大步。

  B:节约能源做得好,省钱省能又环保。

  A:节约能源一起来,好山好水好将来!

  B:让我们努力建设节约型校园!

  A、B(合):我们宣布五年级二班"努力建设节约型校园"主题班会现在开始。

  2.播放浪费图片　讨论浪费行为

  A:"静以修身,俭以养德",可见,勤俭节约在我们生活中的重要性。

  B:生活中,是不是每个人都能做到节约呢?请看我们班的小记者采风。

  A:从刚才的图片中你看到了校园内存在哪些浪费的现象呢?

  B:是呀,我们应该做到珍惜粮食、珍惜用水、节约用电、节约笔墨纸张,等等。

  A:"历览前贤国与家,成由勤俭破由奢。"节约无小事,责任大于天。

  3.分小组交流争做文明学生好建议

  A:刚才同学们都说出了自己存在的问题,那么,怎样才能让所有的同学都改掉这些浪费的行为,养成勤俭节约的好习惯呢?同学们一定会有更好的方法和建议。

  B:在课前,大家针对这些问题都搜集了资料,各小组也都进行了积极的交流、热烈的讨论。下面,就请各小组选派的代表上台来展示你们的好方法、好建议。

A：我们先请第一组的代表上来展示。大家欢迎！

B：感谢第一小组精美的故事展示，让我们懂得是老一辈无产阶级革命家们靠艰苦奋斗、勤俭节约为我们开创了今天的幸福生活，让我们可以穿上漂亮的衣服，可以背起书包高高兴兴地到学校里学习文化知识，可以去公园里欣赏奇花异草。

A：下面，请第二组的代表上来展示。

B：谢谢第二组同学优美的诗朗诵《水是生命之源》。对呀，我们都是幸福人，但是现在地球上可用的淡水资源是相当少的，人类正面临着水资源匮乏的威胁，我们应该节约用水。

A：下面，让我们用热烈的掌声欢迎第三组的代表上来展示。

B：感谢第三组同学的精彩展示。是啊，近几年来，随着经济的发展、人们生活水平的提高，有些人出现一种比阔斗富的不良现象，把勤俭的美德当作"过时"的观念加以否定，以致出现以铺张浪费为荣、艰苦朴素为耻的歪风邪气。我们少年儿童应该不挑吃、不挑穿、不乱花钱，从小养成勤俭节约的好习惯。

A：下面有请第四组的代表上来展示，大家欢迎。

B：感谢第四组同学带来的展示。"勿以恶小而为之，勿以善小而不为。"勤俭不是小气，而是一种文明，应该被广泛传承。

A：下面，有请第五组的代表上来展示，大家欢迎！

B：感谢第五组的代表为大家做的展示。大到国家，小到家庭，不分贫富大小，勤俭文明之风盛行于世，将是国之本，家之幸，民之福。倡导低碳生活，摒弃浪费陋习，爱惜他人付出，节俭从我做起。

A：感谢五个小组的代表为大家做的丰富多彩的展示，让我们从不同的方面领略了勤俭节约的重要性，强化了我们的勤俭节约意识，促进我们养成勤俭节约的好习惯。

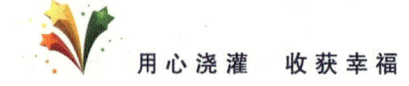

4.勤俭节约成长树

A:同学们,创建节约型社会,人人有责。我们能做些什么呢?

B:看,这里有一棵"成长树",请大家观察一下,它美吗?请你给它装扮一下好吗?

A:现在请同学们六人一组交流自己的想法和做法,然后,把它写在"绿叶"和"果实"上,最后贴在大树上,给大树穿上美丽的新衣服。交流开始!(学生六人一组进行互动、讨论和商议,每组派一名学生,代表本组同学在全班交流,并把"绿叶"和"果实"贴到大树上)

B:同学们,瞧,"成长树"上结出了一个个"快乐果",让大家都感受到了成长的喜悦。

A:一片片绿叶和一个个果实告诉我们——在生活中要坚持节约,杜绝浪费!

5.总结延伸

老师:同学们,今后,我们班每两周开展一次评选"节约小标兵"活动,相信小朋友们都会被评为"节约小标兵"。

同学们,"历览前贤国与家,成由勤俭破由奢",让我们从现在做起,从点滴做起,厉行节约,反对浪费,以实际行动引领校园节俭幸福新风尚!

二、两个勤俭节约的故事

1.周恩来总理有一件补了又补的睡衣,别人叫他换新的,但他舍不得丢掉,每次破的时候都会叫邓奶奶戴着她的老花镜,一针一线仔仔细细地帮他缝补好。这件睡衣虽然有许多补丁,但他洗得干干净净,穿在身上他觉得很满意,依然显得精神抖擞。

2.雷锋始终保持劳动人民的本色,一向以艰苦为荣、奢侈为耻,克勤克俭,厉行节约,珍惜一针一线、一滴油、一粒米、一分钱、一度电,把一切能节省下来的都节省下来,克服暂时困难,支援国家建设。他要求自己:"在工作上,要向积极性最高的同志看齐。在生活上,要向水平最低的同志看齐。"部队按例会给每人发两套军装、两套衬衣、两双鞋,但当司务长把这些东西发给雷锋时,他却说:"有一套就够穿了,我现在穿的这套带补丁的衣服,也比我小时候穿的不知要好多少倍呢!剩下一套给国家节约啦。"

三、诗朗诵《水是生命之源》

齐读《水是生命之源》

水是生命之源,她像乳汁般甘甜。

她让森林青翠欲滴,她使花朵缤纷灿烂。

她让小鸟歌唱婉转,她使大地生机盎然。

生命从水中走来,一代代生息繁衍。

那是生命的源泉,生命从水中走来。

珍惜宝贵的水源吧,一代代生息繁衍。

水是生命之源,请珍惜每一滴水。

浪费会让森林失去绿色,挥霍将使鲜花不再灿烂。

鸟儿将没有婉转的歌唱,地球上也不再有人类出现。

珍惜宝贵的水源吧,那是生命的源泉!

四、情景剧《小诗后悔了》

旁白:现在是星期天早上九点半,小诗还在床上伸着懒腰。

小诗:(在床上伸伸懒腰)唉,真累,奶奶,几点钟了?

奶奶:(急急忙忙走过来)哎哟!我的小宝贝,快十点了,快起来。

小诗:(马上起床,看了看衣服)这衣服有些旧了,给我换件新的吧。

奶奶:(马上递上新衣服)好,好,这就换,这就换。

小诗:(满意地说)嗯,这还差不多。

爷爷:(端来早餐)小诗,快趁热吃,这是爷爷亲手做的面条,还香喷喷的。

小诗:(瞪大眼睛,连连摆手,大叫)什么?又吃面条,我不吃,我要去广州宾馆买意大利面吃。

爷爷:(笑着说)好好,我的乖孙女,这面条留给我和奶奶吃,你吃意大利面。

小诗:(满意地点点头)这还差不多!

旁白:现在是晚上一家人正在吃饭,小诗饭掉了满桌子。

妈妈:小诗,你看,满桌子都是饭,要注意点。

小诗:(无所谓地说)才那么几粒饭,算什么?米缸里有的是大米,要做多少饭都行。

爸爸:(严肃地说)小诗,你这样认为就不对了。要知道,一粒饭是来得非常不容易的,农民伯伯要经过施肥、育苗、插秧、除草、除虫、收割、晒干等工序,然后再加工成大米。最后,我们还要把大米煮熟,才变成香喷喷的米饭。从播种到加工成大米起码要半年的时间。你每天都浪费几粒米,一年下来就有一麻袋了。你要养成勤俭节约的好习惯呀!

小诗:(低下头)爸爸,我真后悔。以后再也不浪费了,我要做个勤俭节约的好少年。

六人齐说:我们都要养成勤俭节约的好习惯,谢谢大家。

小结:同学们,我们今天的幸福生活是来之不易的。当年,无数的革命先烈为了新中国的诞生而忍受饥寒,吃树皮、野草,喝雪水、泥水。他们抛头颅,洒热血,为国捐躯,用鲜血和生命换来今天的幸福生活。我们一定要好好珍惜啊!从现在做起,从点滴小事做起!

五、关于节俭的名言和谚语

1. 俭,德之共也;侈,恶之大也。

2. 历览前贤国与家,成由勤俭破由奢。

3. 当用则万金不惜,不当用则一文不费。

4. 一块煤,不算多,千块煤炭堆成坡;一滴油,不算多,点点滴滴汇成河。

5. 清贫,洁白朴素的生活,正是我们革命者能够战胜许多困难的地方。

6. 谁在平日节衣缩食,在穷困时就容易渡过难关;谁在富足时豪华奢侈,在穷困时就会死于饥寒。

7. 节约节约,积少成多;一滴两滴,汇成江河。

8. 奢侈是民族衰弱的起点。

六、勤俭节约倡议书

1. 节约用水,适量使用;

2. 节约用电,随手关灯;

3. 节约粮食,科学饮食;

4. 适度消费,精打细算;

5. 杜绝占座,充分利用;

6. 珍惜纸张,合理利用;

7. 爱惜图书,循环使用;

8. 资源再生,随手环保;

9. 减少垃圾,分类存放;

10. 互相监督,形成风气。

用心浇灌　收获幸福

大量阅读　提高素养
——记参加大阅读知识竞赛活动

2017年12月12日下午,曲阜市首届小学生大阅读知识竞赛活动在曲阜市明德学校举行。本次比赛共有18个代表队参加,经过紧张激烈的角逐,我辅导的学生代表学校队取得了优异成绩,荣获曲阜市小学生大阅读知识竞赛团体一等奖。

本次小学生大阅读知识竞赛活动比赛形式新颖,主要包括必答、朗诵、名著经典片段表演再现等环节,我们小选手沉着机智的答题、声情并茂的朗诵、精彩的经典片段表演均赢得评委老师和在场观众的阵阵掌声,最终获得了团体一等奖的好成绩,展示了我校学生的风采,展现了我校大阅读活动取得的丰硕成果。最后,曲阜市教师教育中心曾主任对本次活动作总结发言。曾主任强调,通过品读经典,能够增强学生文学底蕴,提高文学素养,培养广大学生"爱读书、多读书、读好书"的读书习惯,为广大学生提供一个展示自我、提高自我、相互交流、共同学习的平台。

通过参加本次比赛,我校学生参与大阅读的兴趣被大大激发,同学们在经典中浸润,在名著中徜徉,进一步促进了我校"书香校园"文化的建设。

助力成长　为梦护航

由小学迈入中学是学生人生中一个重要的转折，为了帮助小学毕业的孩子在思想上做好顺利升入初中的准备，在毕业班的班主任老师和家委会成员的精心组织下，2018年7月1日下午，我们在学校礼堂及活动室开展了"助力成长，为梦护航"主题教育活动。

活动开始，曲阜师范大学教育学院的王博士为孩子们作了"成长中的pain & gain"知识讲座，帮助孩子们认识和处理人际关系与情绪管理中的"惑"与"获"，"结"与"解"，"失"与"得"。之后，团体心理辅导活动在"抓与逃"的热身游戏中拉开了序幕，接着开展了"心有千千结""爱的奉献"和

"舒缓身心"等单元活动。在欢快和轻松的氛围中,孩子们真切感受到乐观、坚持和团结在成长中的重要性。

接下来,由初中部的两位同学分别针对初中阶段的学习生活、心理健康等方面的问题与学弟、学妹们做了热情分享,帮助学弟学妹提前了解初中生如何积极健康与他人交往、如何缓解学习压力等问题。

最后,班主任老师热情洋溢地鼓励孩子们要以积极乐观的心态迈入初中,开启新的学习和生活。孩子们在老师的鼓励下,许下了美好的愿望,并将自己的心愿贴在许愿树上。

通过本次"助力成长,为梦护航"活动,孩子们不仅对自我有了更加全面的认识,也对团结协作、树立理想、坚持不懈等品质有了更加深刻的认识。相信有了老师、学校和社会的祝福与助力,孩子们将会以更加乐观、积极的心态迎接未来的挑战,健康成长,掌握建设祖国的强大本领。

缅怀革命先烈　继承革命遗志

——爱国主义教育系列活动

为了缅怀革命先烈，进行爱国主义教育，传承民族优良传统，在清明节到来之际，我组织了"缅怀革命先烈，继承革命遗志"的系列活动，让学生在活动中受到教育，传承革命传统。

首先，积极参加"红领巾奖章"争章活动。我根据学校"红领巾奖章"争章活动的要求，带领队员认真学习，积极争章。基础章共设红星章、红旗章、火炬章。红星章下设向阳章、传承章、立德章、立志章，教育学生牢记习近平总书记对少年儿童的教导和希望，传承红色基因和革命传统，帮助学生牢固树立社会主义核心价值观，树立远大理想，坚定理想信念。红旗章下设梦想章、小主人章、团结章、健体章，教育学生热爱祖国、热爱集体、遵守法律、坚持锻炼强健体魄。火炬章下设奉献章、劳动章、勇敢章、节约章，教育学生树立担当、刻苦、拼搏、奋斗精神，引导学生向英雄学习，争做小先锋。通过"红领巾奖章"争章活动，学生提高了认识，并按照争章要求积极表现，中队出现了很多好人好事，集体意识、爱国意识大大争强，在学校争章活动中成绩优异。

用心浇灌　收获幸福

其次，通过多种形式的活动强化学生的爱国主义教育，传承民族优良传统。为了进一步对学生进行爱国主义教育，传承革命传统，我通过召开"缅怀革命先烈，继承革命遗志"主题班会、我向国旗敬礼、讲革命故事、寻访红色足迹等系列活动，激发学生缅怀革命先烈、追忆红色足迹、弘扬爱国主义精神，让学生深刻感受到我们今天的和平年代、幸福日子的来之不易，是无数革命先烈和仁人志士用生命与热血换来的。我们一定要好好珍惜身边的一切，踏踏实实做事，堂堂正正做人。比如，在清明节到来之际，我让学

生收集关于革命烈士的资料,在中队会上进行交流,让学生了解革命先烈的英勇事迹,学习他们无私奉献的精神,感受今天的幸福生活来之不易;在"九一八"事变纪念日,我们召开"铭记九一八"系列活动,教育学生勿忘国耻,捍卫和平;在假期,我建议家长带孩子寻访红色足迹,近距离感悟革命者的英雄事迹,并让学生抒发自己的感悟,将红色革命精神的传承落实到学习知识、掌握本领中,落实到实际生活的点点滴滴中!

另外,教师要注重将各种活动与学校德育、教学等各项工作全面结合起来,通过活动激发学生进步。只要每天都能进步一点点,就是最大的成功。相信经过这样扎实有效的教育,在不久的将来,孩子们一定能实现人生美好的理想。

在爱国主义教育系列活动中,同学们纷纷通过日记、手抄报、作文、表演情景剧等形式展现自己的收获,进一步提高了自己的认识。有的学生在参观毛主席故居后这样写道:

"孩儿立志出乡关,学不成名誓不还。埋骨何须桑梓地,人生无处不青山。"这是毛泽东第一次离开韶山,临行前写下的诗句。暑假里,爸爸妈妈带我去湖南韶山瞻仰了毛泽东故居,去寻访伟人足迹。

我们先来到了毛泽东铜像广场。只见毛主席穿着一身笔挺的中山装,满脸带着微笑,双手紧握着讲话稿,一双炯炯有神的大眼正高瞻远瞩般平视着正前方,真是一代伟人的风范。我怀着无比崇敬的心情,向毛主席像深深三鞠躬,并献上了鲜花。站在铜像前,我仿佛听到了那激荡人心的巨人之声——"中华人民共和国成立了!中国人民从此站起来了!"

接下来,我参观的是毛主席故居。毛主席故居坐落在青山环抱之中,这里山势虽不高,但重峦叠翠、郁郁葱葱中透着大自然赋予的灵气,房屋的前面有两口池塘,后面有座大山。这是一座坐南朝北凹字形结构的瓦房,虽年代已久,但仍显得古朴而端庄。

毛主席在韶山度过了童年和少年时代,他从小热爱劳动,热爱劳动人民,热爱学习。1910年秋,毛主席离开韶山,到外地求学,寻找革命真理。

用心浇灌　收获幸福

1921年春,毛主席回到韶山,谆谆教育全家亲人要舍小家为大家,舍自己为人民,把全家人引上革命道路。1925年2月至8月,毛主席在韶山开展农民运动,培养农运骨干;同年6月,在这里成立了中共最早的农村党支部之一的中共韶山特别支部,在风雨如晦的那个年代,点燃了革命的圣火。

在毛主席居住的房间,我看到了他和妻子杨开慧以及三个儿子的合影。这本是幸福的一家人,但是在1930年10月,杨开慧被捕,她拒绝退党并坚决反对声明与毛泽东脱离关系,随后被国民党反动派残忍杀害,三个孩子也被迫流落街头。为了革命的成功,为了新中国的成立,毛主席失去了亲人。正是千千万万革命先烈抛头颅、洒热血,才换来了我们今天的和平与幸福生活,我们能不为之感动,能不为之珍惜吗?

参观毛主席故居,探访伟人的成长足迹,感悟毛主席高尚的革命精神品质,我将在伟人的革命精神激励下奋勇前行!

有的同学在参观滇西抗战纪念馆后,这样写道:

2017年的暑假,爸爸妈妈带我到美丽的云南旅游。在这期间,我们游览了许多著名的旅游景点,如和顺古镇、北海湿地、腾冲火山地质博物馆等,但是,让我印象最为深刻的是腾冲滇西抗战纪念馆。

走进滇西抗战纪念馆,周围一片寂静,好像大家都在为抗日战争的残酷和壮烈而震惊。"看!1937年7月7日、1937年12月……地上怎么那么多数字呀?"我好奇地问妈妈。妈妈说:"这是抗日战争中重要的日期,我们应该记住它们。"看着这满地的日期,我才知道战争的长久。

来到大厅,正前方摆放着庄严的雕像,由一个当地居民、一个远征军士兵和一个美国士兵组成,他们身后展现的是过去残酷壮烈的战争场景,但他们的目光却望向前方,满含着抗日战争一定会胜利的坚定信念。据工作人员介绍,馆内共收藏近10万件滇西抗战时遗留下来的文物,现在只展示了一万多件。我们一边听着讲解,一边看着实物和影像,仿佛回到了那个"一寸山河一寸血"的抗战年代。

在纪念馆的西侧,有133米长的中国远征军名录墙,上面密密麻麻地镌刻着103141名参与滇西抗战的中国远征军将士、盟军将士、地方抗战游击队、地方参战伤亡民众和协调参战部队的名字。名录墙下,摆满了人们用来祭奠烈士的鲜花。妈妈买了一束白色的菊花,让我在纪念碑前向先烈们献花、鞠躬,表达我们对烈士们的缅怀之情。

在纪念馆的书店里,妈妈给我买了一副扑克牌。你可别小瞧了这扑克牌,它和普通的扑克牌可不一样呢!这扑克牌其实是第二次世界大战中缅印战区名将录,54张牌记录了一位位将领的名字,分别介绍了他们的主要生平事迹。我轻轻地打开盒子,看到了许多名将的名字:胡素、李鸿、唐守治、孙立人等,最年轻的是戴安澜,他38岁时就壮烈牺牲了。看到这些为和平而献身的英雄们,我不禁对他们肃然起敬!

经过这段刻骨铭心的历史洗礼,我深深地感受到今天的和平与幸福生活来之不易,在这和平的时代,我们要继承革命遗志,为实现中华民族伟大复兴的中国梦而努力学习!

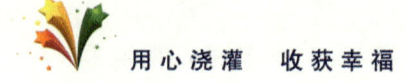

还有的同学通过学习，对自己身边的革命英雄的红色历程故事更加崇拜：

站在姥姥家的大门口，首先映入眼帘的是非常醒目的"军属光荣"四个大字，您要问姥姥家谁是军人？我骄傲地告诉您，伟大的军人是我姥爷。

姥爷是一位慈祥的、德高望重的革命前辈。他高挑的眉毛像隶书的"一"字，潭水般的眼睛充满了智慧。我小时候，总是在姥爷的革命故事里牙牙学语，从他温暖的双臂下蹒跚学步。我最爱听他讲故事了。

姥爷出身贫寒，八岁就成了孤儿，过着朝不保夕的日子。但姥爷有志气、刚强、永不服输，十四岁他就参军跟着毛主席为解放全中国南征北战。姥爷参加过济南战役、淮海战役等大小三十多个战役，立下两次三等功。姥爷爱抚着我的头给我讲："我当兵的时候是通讯员，有一次要通过敌人的封锁线情报，敌人的探照灯不停地扫，我要使用蛮劲冲过敌人的封锁线那就是白白送死。我灵机一动，对！扔手榴弹！我从腰间拔出手榴弹，拉开铁环使劲扔向敌人的岗楼，我靠着这手榴弹烟雾的掩护顺利冲过了敌人的封锁线，成功完成了任务。"我趴在姥爷腿上听着姥姥爷讲故事，看着姥爷的眼睛里流露出的是自豪，是骄傲，是我们这一代人永远也体会不到的光荣。

我敬佩我的姥爷，他是勇敢的。姥爷讲："1948年秋天，我要渡过黄河送情报，河水很深，我个子矮小又不会游泳，正在着急的时候一位老乡牵着马过河，我跑上去跟老乡商量能不能牵着他的马尾巴过河。老乡痛快地答应了，我闭着眼咬紧牙关死死地拽着马尾巴漂到了对岸。"

我敬爱我的姥爷，他是坚强的。"在淮海战役中我右大腿被子弹穿透，当时我以为这条腿要废了。医生说子弹没有伤到动脉不碍事。"姥爷说得那么轻松，可我能想象出子弹穿过大腿时的剧痛。削铅笔时不小心划破手我都要疼上三天，姥爷是怎样熬过的？看着姥爷，我仿佛感受到了撕心裂肺的痛！

第五章 实践活动促发展

　　我亲近我的姥爷,他是慈爱的。每次去姥姥家,姥爷抚摸着我的头,眼睛眯成了一条缝,说:"又长高了!"姥爷抱不动我了,我搂着姥爷那曾经抱过我的胳膊,粘着姥爷讲故事。姥爷乐呵呵地开讲了……

　　我听着姥爷的故事长大,感受到我们今天幸福生活的来之不易。姥爷的革命历程故事教会了我自信、坚强、机智和勇敢,我要发奋学习,掌握更多的本领,为祖国的繁荣昌盛做出自己的贡献!

　　从这些文字中可以看出,学生在爱国主义系列活动的教育下,在思想上都提高了认识,具有强烈的民族自豪感。他们纷纷表示要尊崇爱国主义,牢记社会主义核心价值观,要继承革命意志,树立远大理想,立志从小掌握本领,为建设更强大的祖国而努力!

用心浇灌　收获幸福

附：

缅怀革命先烈　弘扬革命传统

　　4月1日至8日,曲阜师范大学附属小学四年级三班的同学在班主任颜老师的带领下,开展了"缅怀革命先烈,继承革命遗志"为主题的主题班会、征文比赛、讲故事比赛、手抄报比赛等一系列活动。

　　在主题班会课上,班主任颜老师引领学生缅怀先烈的丰功伟绩,追忆英雄楷模。同学们在班会上踊跃发言,分享革命先烈的英勇事迹,了解了革命时期革命先辈进行的艰苦卓绝的斗争故事。在手抄报的活动中,同学们自主查阅资料,制作了精美的手抄报,加深了对清明传统文化的理解。

　　在此次征文活动中,同学们更是表达了对革命英烈的无限敬仰之情——"你们付出了生命,才换来了如今的中华人民共和国""英雄永远是我们学习的榜样,他们永远活在我们的心中"……在讲故事比赛中,同学们更是积极踊跃、激情洋溢,每一个革命先烈的故事都激发着同学们缅怀先烈的情感,表达着同学们对革命先烈的崇敬与缅怀之情。

　　通过本次清明系列活动,孩子们了解到了革命先烈的光荣事迹,理解了如今生活的来之不易,也更加珍惜今天的幸福生活。他们纷纷立下志向,要为实现中华民族伟大复兴的中国梦而努力学习,健康成长!

[本报道发表于《齐鲁晚报》,2019年4月]

第六章
家校合作

　　家校合作,是指家庭和学校两个相对独立的社会机构进行的一种旨在促进青少年儿童健康发展的相互配合、相互协调的互助活动。学生的学习和健康成长,仅靠学校或家庭都是不够的,教师不能全面地观察到学生在家的情况,家长也很难全面地看到学生在校的表现,家校联合是做好学生工作的最好的方法。教育的效果取决于学校和家庭教育的一致性、合作性。众所周知,学生在学校的表现是家庭生活的反映,如果一个孩子能够在校彬彬有礼、认真听讲、专心学习,那他在家的表现也不会差。同样,如果一个孩子在家对长辈有礼貌,能够主动做一些家务,并保质保量地完成家庭作业,那么他在学校的表现也不会差。这就反映出在孩子的成长过程中,家长一定要注重对孩子的教育。反之,如果一个孩子在学校经常打架,上课不遵守纪律,家庭作业经常不按时完成,那一定是家庭教育出了问题。因此,教师要及时发现问题,积极与家长进行沟通,实现家校合力,争取对孩子教育的高效性。

尊重每一位家长

尊重他人是一种高尚的美德，只有尊重他人才能赢得他人的尊重。班主任尊重家长是进行家校沟通的前提，因为孩子的成长离不开家长的教导，做好班主任工作也离不开家长的辅助。班主任要尊重不同类型的家长，保持与家长沟通交流的顺畅深入，才能让家长及时了解自己孩子在学校的情况，同时也能让老师更清楚掌握每个孩子的个性，针对孩子的问题与家长合力解决。生活中，班主任只有尊重家长，家长才能信服听从老师的建议，并与班主任大力配合，从而共同促进学生的成长，取得最佳的教育效果。反之，教育效果将无从谈起。班主任如何做才是尊重家长呢？笔者以为，以下三点是关键。

首先，班主任与家长沟通要注意说话方式。教师对孩子存在的一些问题一定要礼貌地、委婉地与家长交流，避免直接向家长讲孩子的缺点。班主任一定要避免出现学生家长怕接老师电话的现象。要做到这一点，教师就要做一位善于发现学生优点的教师，善于发现孩子的点滴进步，不能报忧不报喜，我们有义务让家长清楚孩子在学校的全面表现。班主任要主动向家长报喜，让家长看到孩子的成长与进步。在此基础上，班主任再推心置腹地与家长交流孩子需要改进的地方，如果这样做，相信每位家长都能体会老师的良苦用心，都能正确看待自己孩子的缺点与不足，并愿意配合老师对孩子进行有效的教育。反之，如果班主任跟家长联系只是抱怨学生的不足，家长就会以为老师对孩子有偏见，继而造成他们对老师有看法，也就不愿意与老师配合,我们和家长联系的目的也就无法实现。

其次,对不能理解老师的家长要多一份包容。很多情况下,家长对班主任的有些做法不能完全理解,甚至会有意见。出现这种情况我们也不要灰心,要耐心听家长说些什么,让家长把话说完,相信只要老师和家长对孩子教育的目的一致,那么老师和家长就一定能达成沟通意见。如果家长的意见更好,我们就要积极采纳。如果我们的方法更好,那就需要更加耐心地给家长讲清楚我们的方法好在哪里,征求家长的同意,相信家长也一定会体会我们的良苦用心,我们也能赢得家长的信任,最终达成一致意见。

第三,要教育学生要学会尊重家长。教育学生尊重家长是班主任尊重家长的一种重要方法。班主任要教给学生学会尊重父母,对父母讲话态度要和气,对父母的意见要尊重,如果不认可父母的做法,也要态度友好地和父母真诚交流。教师要想把孩子教育好,一定要让学生学会尊重父母,这样,学生在家庭生活中也会多一分和谐,多一分快乐,这是非常值得关注的教育问题。学生如果能够尊重家长,也会更加尊重老师、信任老师,更有安全感,学生也会亲其师信其道。家长了解我们的做法后,就会愿意主动与老师沟通,促进老师与家长关系的融洽,使家校沟通更加顺畅,这无形中形成一种教育合力,从而达到良好的教育效果。

因此,教师在与家长的沟通中一定要尊重每一位家长,注意自身的言行,学会克制自己,并不断学习运用与家长沟通的各种技巧,家校合力,达到更佳的教育效果。

让家长看到希望

希望,是指美好的愿望或理想,或指愿望或理想所寄托的对象等。希望,代表的是人们的某种期望的感情,是一种向往更美好生活的情绪,与人的未来紧密相关。家长对孩子的希望体现在身体健康、心理阳光、成绩优秀、全面发展等。一般情况下,各方面表现比较好的孩子,班主任在和家长沟通时相对顺利一些;对于表现不是很好,尤其是学习成绩暂时落后的孩子,教师在和他们的家长沟通时,则相对困难。

尤其是到了高年级,有些学生的学习成绩总是不见起色,家长往往表现得束手无策,有的甚至放任自流。对于这样的学生家长,班主任更要经常耐心与家长沟通,不要让家长因为对孩子失去信心,导致他们对孩子的学习不闻不问,这样更不利于对孩子的教育。教师要认真分析孩子存在问题的原因,有针对性地加以引导。教师还要积极与家长沟通,让家长明白,孩子在成长的过程中出现这样那样的问题是正常的现象。经过老师、家长及孩子的共同努力,孩子一定会朝着好的方向发展。教师一定要重塑家长教育好孩子的信心。

真诚帮助因孩子沉迷游戏而放弃希望的家长。有些孩子因沉迷游戏而对学习失去兴趣,几乎不做作业,让孩子家长颇为费心,可是收效甚微,孩子甚至越玩越迷,家长拿他们没有一点儿办法,对孩子逐渐失去耐心,最终失去信心。针对这样的家长,教师要有计划地与家长进行沟通交流,让家长认识到孩子沉迷游戏我们做家长的也有责任。家长要先反思自己的问题,有

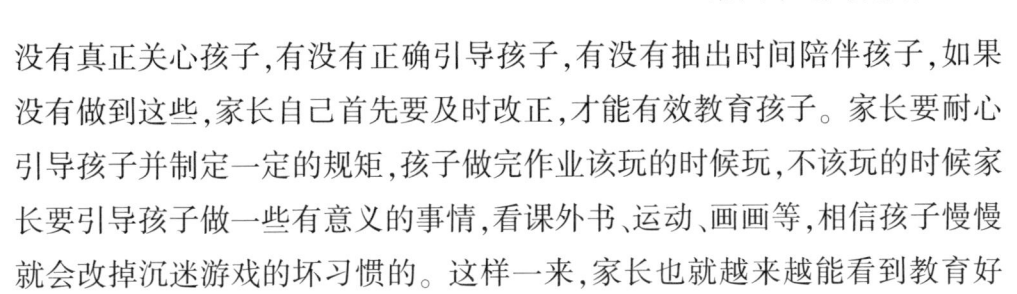

没有真正关心孩子,有没有正确引导孩子,有没有抽出时间陪伴孩子,如果没有做到这些,家长自己首先要及时改正,才能有效教育孩子。家长要耐心引导孩子并制定一定的规矩,孩子做完作业该玩的时候玩,不该玩的时候家长要引导孩子做一些有意义的事情,看课外书、运动、画画等,相信孩子慢慢就会改掉沉迷游戏的坏习惯的。这样一来,家长也就越来越能看到教育好孩子的希望,进而对孩子更上心,形成良性循环。

真诚帮助因孩子基础差而放弃希望的家长。到了高年级以后,如果学生原来的学习基础差,要想提高成绩对他们来说的确非常吃力,对家长来说更是感到无从下手,因而,有些家长对孩子的学习索性放弃不管。针对这种孩子的家长,教师绝不能放弃。教师先要燃起家长对孩子的信心,我们要让家长知道,我们能理解他们教育孩子的不容易,但是,孩子的成长绝不能因为家长的无奈而耽误。老师不会放弃孩子,家长也绝不要放弃孩子,只要大家齐心协力,就一定能够帮助孩子抓好基础,提高成绩。

这就需要班主任耐心、真诚地与家长沟通,为孩子提供切实可行的补习方案,并付诸行动,我们就会得到家长的认可,家长就一定会重视孩子,并积极配合老师帮助孩子进步、提高。

泰戈尔说:"要学孩子们,他们从不怀疑未来的希望。"无论什么时候,我们都要鼓励家长要树立起对教育好孩子的信心,只有家长树立起信心,他们才能配合老师共同教育好孩子,才能真正达到我们促进每一位孩子全面发展的教育目的。

用心浇灌　收获幸福

为家长提供力所能及的帮助

　　家长在孩子的成长中起着至关重要的作用,但是,家长在教育孩子的过程中总会遇到各种各样的问题。那么,作为班主任,应该如何给家长提供力所能及的帮助呢?

　　一是关注每一位学生。班主任要对班级内的每一位学生都特别关注,及时发现他们的问题,并通过家访、电话、微信等多种方式了解学生在家的学习情况、生活习惯、课外爱好等。班主任还要了解学生的家庭情况,家长对孩子的教育方法等相关情况,有针对性地对孩子进行教育。这样,班主任就能及时了解学生家长面临的困惑及难题,才能有针对性地为家长提供力所能及的帮助,增强家长对老师的信任,形成家校合力,取得对学生教育效果的最优化。

　　二是解除家长的后顾之忧。在平时,当家长遇到急事时,孩子的教育辅导问题成了他们的一大心病,对遇到难题的学生家长,我能帮就帮,真诚为家长排忧解难。比如,我发现班里的小赵同学上课不认真听讲,不按时完成作业,整天闷闷不乐,我向孩子询问情况,孩子却说没什么事情。我又及时与家长联系,了解到小赵同学的爸爸最近生病住院了,他的妈妈在医院照顾他爸爸,孩子在家跟着爷爷奶奶,但是他们不能辅导孩子的作业,家长非常牵挂小赵,担心孩子没人辅导、落下功课。了解情况后,我让孩子的家长放心,主动提出照顾小赵。我一方面鼓励孩子:"孩子,你真的非常有孝心,你爸爸一定很欣慰,但是怎样才能让爸爸安心看病,让妈妈放心照顾爸爸呢?你要学会照顾好自己,把自己的事情做好,想爸爸妈妈的时候可以打电话。"通过谈心,孩子开心了许多。另一方面,每天放学后,我把孩子叫到办公室写作业,遇到难题我就耐心辅导,在孩子的爸爸住院期间,孩子的学习不但没有落下,还提高了许多。孩子的妈妈非常感激我,她经常打电话向我表示感谢。后来,当我有事情再和他的家长沟通时,孩子的家长总是非常热情,积极配合。

三是给家长提供合理化的建议。正确的教育方法对家长教育孩子至关重要。家长的积极配合对学校教育更是不可或缺,在与家长进行沟通时,我发现有些家长教育引导孩子的方法不是很合理。要么过于严厉,要么过于溺爱,要么想当然,不能根据孩子的特点进行管理。比如,我班的小丽同学,她的作业总是存在应付现象。经过与家长沟通发现,家长总是把孩子关在家里,自己出去散步,孩子想跟着家长去,家长却坚决不同意,他们认为孩子出去散步是浪费时间。等一个多小时后,家长散步回来却经常发现孩子的作业还没有写,而家长也只是问问而已。显然,孩子心里不平衡,家长却没有引起重视,他们没有与孩子进行有效沟通,这样的教育效果自然不好。我真诚建议家长可以暂时改变方法,促进孩子养成好的学习习惯。家长如果去玩,可以和孩子提前说好,如果孩子愿意和家长一起去散步,家长可以调整一下散步的时间,先做其他事情,等孩子写完作业一起去散步,这样孩子就会安心写作业。另外,家长还可以利用散步的时间和孩子进行交流,了解孩子的想法,并进行有效的教育。经过沟通,家长认识到自己的问题,改变了自己的做法。经过一段时间的努力,孩子的学习态度有了很大的改变,不但能按时完成作业,其他方面也有了明显进步。

由此可见,教师要积极地与家长进行沟通,给予家长真诚的关心、帮助,家长也就乐于与老师进行沟通,并配合老师对孩子进行有效的教育,就会收

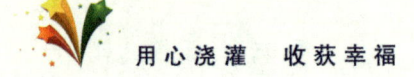

到良好的教育效果。

正如著名教育家苏霍姆林斯基所说:"教育的效果,取决于学校家庭的一致性,如果没有这种一致性,学校的教学、教育就会像纸做的房子一样倒塌下来。"教师要尊重每一位家长,找到与家长沟通的有效方法,并切实帮助家长解决难题,促进家长提高对孩子教育的重视程度,发挥家长对孩子教育的主观能动性,达到家校共育,真正提高教育教学质量,促进孩子全面发展。

第六章 家校合作

老大老二都是宝

随着国家"二孩""三孩"政策的放开,目前,班级里的孩子大多生长在二胎家庭,父母对大宝和二宝的态度如何,对孩子的影响比较大。作为班主任,要积极了解孩子们的思想及动向,及时做好孩子的思想工作,并与家长真诚沟通,合力帮助孩子健康成长。

小青已经是六年级的学生了,她长得乖巧可爱,非常有礼貌。小青坐在教室的第一排,她每天上课从不违反纪律,学习态度认真,并能按时完成作业,学习成绩中等。近来,我发现孩子看上去好像有心事,跟孩子几次谈心,她只是说没有不开心。我想,孩子可能是因为长大了知道爱美了,担心自己眼睛有点斜视影响美观的原因吧。

一次,我从孩子的周末日记中了解到,孩子有一个妹妹,妹妹长得机灵可爱。孩子的妈妈很多时候都当着老大的面毫无顾忌地夸妹妹比姐姐聪明、比姐姐可爱、比姐姐懂事。开始时,孩子还和妈妈闹情绪,但是她妈妈毫不顾忌,仍然守着老大夸老二,并毫不顾忌地批评老大,尤其是当老大考试成绩不理想时,孩子的妈妈更是狠狠地训斥,从不考虑孩子的内心感受。最后,孩子这样写道:"妈妈这样对待我,我真的想死!"我看出了日记本上孩子哭过的痕迹。看着孩子无助的心里话,我的内心猛地一震,我知道这是孩子真实的想法,这是孩子发出的内心的呐喊,这也是孩子在求救啊。我想,这孩子的内心得承受了多么大的压力呀。

我及时把孩子请到办公室,孩子坐下后,我耐心地跟孩子说:"孩子,我看了你写的日记,了解到你内心的苦恼。"孩子瞬间泪流满面,痛苦地说:"老师,我真的不想活了,我妈妈一点儿也不喜欢我。"我把孩子揽到怀里,边为她擦眼泪边安慰她:"孩子,老师理解你的感受。"孩子哭得更伤心了,她倾诉道:"老师,我每次考不好,妈妈就骂我笨。我在家写作业,妹妹给我捣乱,妈妈也从来不批评她,反而要批评我。每次吃东西、玩玩具也总是要我让着她。妈妈一直说我不好,我真的不想活了。"孩子一口气说了很多,好像在宣泄内心的不满。我抚摸着孩子的头说:"孩子,你妈妈的确不该不分缘由地批评你。"孩子哭得更伤心更委屈了,我又引导孩子:"孩子,你这么可爱,我相信在你小的时候,妈妈也是这样爱你的。但是现在妹妹更小,你妈妈要照顾妹妹。她可能说话不太注意,这也是让你受伤害的地方,老师理解你心里的想法,假如换成我,我的心里也会非常难过的。你觉得怎样才能改变目前这种局面呢?""老师,我不想改变,我不喜欢妈妈。"孩子愤怒地说。

见孩子的情绪如此激动,我想,怎样才能让孩子真正改变呢?我接着引导孩子:"孩子,老师有个办法,你想不想试试?"孩子没说话,只是点点头。我接着说:"孩子,遇到问题不要着急,你可以跟妈妈好好说说你的心里话,老师相信,妈妈会在乎你的想法的。你知道吗?有时候我也会对我家的孩子说这样的话的,但是,说心里话,我真的爱她。你妈妈也一样,我想,她可能和我一样,有时候太着急了,说话不注意方式方法,她应该是爱你的!"孩子听了我的话,神情放松了许多,我接着说:"孩子,学习成绩只是一个方面,你看你长得可爱又有礼貌,你在班里很少让老师操心费力,这都是你的优点,你是妹妹的好姐姐,我相信只要你和妈妈多交流,妈妈也会慢慢看到你的优点的,你觉得呢?有没有这个信心呀?""有。"孩子小声说。"那好啊,宝贝儿,你看老师很喜欢你,班里的同学很喜欢你,我相信爸爸妈妈会更喜欢你,我要把你在学校的优秀表现告诉妈妈,你愿意吗?"孩子使劲点了点头。"那以后你有什么心里话觉得不好跟妈妈说的,就跟老师说,老师很愿意听你说心里话,也很愿意帮助你,好不好?""好的,老师。"孩子听了我的话高兴地笑着说。

紧接着,我来到孩子的家里和孩子的妈妈交流情况。我首先向孩子的妈妈说了孩子在校的情况,孩子的妈妈听了却还是毫不避讳地说:"老师,你看我们家老二就是特别聪明。老二学习接受能力强,小嘴儿又甜,她比我们家老大可爱多了,老大学习接受能力太慢,成绩也不是很好。你不知道这老大在家里有多气人,什么话难听她就说什么。"听孩子妈妈这样说,我想,怪不得孩子会有极端的想法,幸亏此时孩子没在家,我把孩子日记的事情告诉了孩子的妈妈,孩子的妈妈还不以为然,认为孩子只是说说而已。我耐心劝孩子的妈妈要引起重视,要体会孩子的感受。

我又推心置腹地和孩子的妈妈交流:"世界上没有两片相同的树叶,孩子也是不同的。你看老二伶俐聪明,但是老大呢,在学校乖巧可爱,很少让老师操心。你想想,不管老二还是老大,她们都是你的宝贝,我们不能简单地把老大、老二进行比较,因为现在老二刚刚学会说话,小嘴儿也甜,她给我们说什么话我们都爱听,她给我们做个鬼脸都能让我们开心,我们当然喜欢了。老大呢,她现在有学习的压力,也正是进入青春期的年龄,有些事情她不是很顺着大人,有些反抗的思想也是正常的,我们应该正确看待孩子的成长。"孩子的妈妈没有说话,我接着说:"再说,孩子大了自然什么事情都有自己的想法,她不会时时顺着我们的心意。"孩子的妈妈没有说话,我接着说:"尤其是老大现在进入了六年级,各科的学习任务都比较重,有一定的难度,孩子学习接受稍微慢一些,这也是正常的事,也不能说明她以后就学不好,我们要对孩子抱有信心,你觉得呢?"听我说到这里,孩子的妈妈触动很大,她眼睛里含着泪点了点头,说:"老师,谢谢你,我原来没想这么多,我没注意老大的感受。"我接着说:"我理解你,我建议你从现在开始,要多看到孩子的优点。别轻易拿两个孩子进行比较,老大、老二各有各的优点,要分别进行表扬,这样老大也会有自信的,才能真正帮助老大成长。那老大成长好了,也能促进老二的成长,这样一来,两个宝贝儿就会共同健康成长的。"听了我的话,孩子的妈妈握着我的手,感激地说:"老师,幸亏您告诉我,不然，我会后悔的，我一定要改变自己的做法，让孩子体会到我对她的爱。"

从此以后，我在学校里总是对小青多一份关注，经常和她谈心，在班里经常表扬她；我也经常和小青的妈妈聊天，交流孩子在家里的情况。孩子的妈妈说："老大现在懂事多了，对老二也更关心了。还是老师说得对，要想让孩子改变，大人先要改变。"慢慢地，我发现小青越来越开朗了，也更加自信了，她的学习成绩也有了很大的进步。

看来，班主任一定要做个细心人，要有敏锐的洞察力，要帮助家长学会站在孩子的角度想问题，在生活中要多关注孩子的情绪，关注孩子的心理健康，助力我们的孩子扬帆远航。

孩子，看问题要全面

有些孩子在成长过程中由于家庭或个人的原因，他们对待周围发生的事情往往只会看到消极的一面，造成他们看不惯事，看不惯人。尤其是牵扯到个人利益的时候，他们更是满腹牢骚，看问题有偏见。

我班的小璐就是这样一个孩子。有一次，我在批改她的作文时，发现小璐对班级内的每位班干部都不满意，她认为别人都做得不好，但是又提不出具体的意见。

为此，我及时找小璐来聊天，了解她内心的想法。我耐心地问她："你对我们班的班干部做的哪些事不满意呢？"她具体也说不出什么，只是说他们就是不好，他们有时和同学闹着玩也不说对不起。我听孩子这样说，看来是同学之间可能有一些小误会。但是，有时学生之间的小误会不及时消除，也会造成矛盾。我接着说："孩子，你说的这一点的确是这位同学的缺点，但是我们每个人都有自己的缺点，老师也有缺点。但是，除了这些缺点以外，我们也要有一双善于发现的眼睛，要善于发现别人的优点，好吗？"孩子固执地说："我没看到他们有什么优点。"我没有生气，继续耐心引导孩子："老师相信你有一双善于发现的眼睛，相信你能看到他们的优点，比如，班长小明，你想想他有什么优点？"孩子似乎在绞尽脑汁想，但是她始终不说小明的优点。我提醒孩子："我记得有一次你同桌忘了带钢笔，是不是班长小明借给他的？他主动帮助同学是不是优点呢？"小璐不好意思地低下了头，因为上次她的同桌没带钢笔想借小璐的钢笔，可是小璐却没舍得借给同桌，是班长小明主动借给小璐的同桌的。我相机引导孩子："我们要多看别人的优点才能进步。"见小璐态度有所转变，我接着引导她："我看你非常想

用心浇灌　收获幸福

当班干部,这是好事。但是,想当班干部不是挑出班干部的毛病自己就能当上的,要多向班干部学习他们的优点,不能只是盯着他们的缺点,你认为老师说的对吗?"小璐点了点头。

我接着教育小璐:"那你现在能说说上次选班干部,同学们为什么不选你吗?""老师,我和他们玩儿不到一块儿。他们说的话我不喜欢听,我也不喜欢和他们说话。""那你认为要如何改变呢?"我因势利导。"我今后要和他们找到共同的话题,我还要积极帮助同学。""这就对了,我们要换一个积极的心态来看待问题,不能只看自己的优点,要多看看别人的优点,要让大家看到你的进步,只要你表现得足够优秀,那下次再选班干部的时候啊,我相信同学们也会选你。班干部是要真正先服务于同学们的,不只是个职位的。当然了,老师相信你是很棒的,今后,你要学会以积极的心态面对问题,积极主动学习,相信同学们会看到你的进步的,你也一定会得到大家的认可的。"小璐脸上露出了笑容。

然后,我又积极与家长沟通孩子的问题。我告诉孩子的家长,孩子看问题有些片面,我们家长平时在家里要多注意给孩子积极的引导。家长跟孩子说话时要注意讲正能量的话,尤其要多引导孩子发现其他孩子的优点,发现别人的闪光点,要善于从别人的身上汲取力量,要见贤思齐,看问题要全面等。孩子的家长听了我的话,也向我反映:"孩子在家里的确也能看出这样的问题,在家经常说这位同学不好,说那位同学不好,我也没引起重视,我以为她只是小孩子随便说说而已。今后,我一定要多给孩子正面引导。"

为了让小璐尽快转变心态,能更积极、更阳光地看待问题,接下来,我给小璐安排了一个为班级服务的机会。我经常鼓励她、表扬她,孩子得到了锻炼,自信心也逐渐增强,慢慢地变得乐观起来。最让我感到欣慰的是,小璐心态更平和了,她看别人的时候不再总挑毛病了,看问题也不是那么片面了。后来小璐还被推选为了小组长,她的工作更积极认真了,在班里也受到了大家的欢迎,各方面的能力都提高了。

孩子的行为就像万花筒一样,透露着他们不同的心态。当然,孩子不同,他们的眼中就会有不同的世界,不同的感情,不同的心理。教师一定要善于捕捉孩子成长中的每一个教育点,循序渐进地引导,耐心细心地教育,及时恰当地激励,促进学生的身心健康发展。

耐心呵护　精心培育

学生在成长的过程中,总不会一帆风顺,他们会遇到各种意想不到的问题。作为教师,要耐心呵护学生,引导他们正确面对各种问题。

记得有一次下午做值日时,有个孩子告诉我:"老师,我看到小牛偷了小乐的钢笔,他是个小偷。"听了孩子的话,我一愣,心想,他怎么能说小牛是小偷呢？我纠正他说:"孩子,老师要谢谢你告诉我这个事情,小牛拿别人的东西肯定不对,但是我们千万不能说他偷东西,更不能说他是个小偷。"孩子理直气壮地说:"老师,你刚接我们这个班,你不知道,小牛以前总是偷别人的东西,我们全班都知道他是个小偷。"见孩子坚持这样说,我和孩子商量好先不要对大家说这件事,我来处理这个问题。

小学生私自拿别人的东西,虽然不算偷,但是对孩子来说毕竟是一个非常不好的行为。如果老师不管,或者处理不好,那将来孩子的行为发展也真说不准,所以,我们不能掉以轻心。

我利用大课间的时间把孩子悄悄地喊到办公室,我问孩子:"昨天做值日的时候,你有没有做什么不对的事？"孩子装作若无其事的样子,说:"老师,我没有什么不对的事啊。"我直接提醒孩子:"有支钢笔是怎么回事儿？"孩子轻描淡写地说:"老师,我又给他送回去了。"见孩子把钢笔还回去了,我又教育孩子:"你以后注意,别人的东西再好也不能拿,如果真需要用,要征求别人的同意才行。"

我正想让孩子回去,这时候,有三四个孩子跑到我的办公室,还没等我问,他们就争先恐后地告诉我:"老师,我发现我前几天丢的钢笔就在小牛的铅笔盒里。""老师,我也丢了一支钢笔,是上周刚买的,前天带到学校就不见了。"我想,情况有些严重了,这个孩子拿别人的东西估计不是一回两回了。看来,别人告他的状也不是捕风捉影,如果老师不了解清楚,不对他及时引导,孩子的这个行为养成习惯就真的难以改掉了,这会影响他的一生的。我要好好借着这次机会教育教育他,让他改掉这个坏毛病。

我让其他几位同学先回去,我问小牛:"孩子,你现在有什么想说的?""老师,我拿了他们的钢笔,我还给他们就是了。"小牛说得这么轻描淡写,可见他没有认识到自己的错误。我接着耐心地引导他:"孩子,拿了别人的东西,不是说还回去就还回去这么简单的,如果你的东西别人也随便拿,你看不见别人就不给你,你看见了别人才还给你,你愿意吗?""不愿意。"小牛低下头说。"是呀,你要认识到,别人的东西是不能随便拿的。你说说为什么要拿别人的东西呢?""老师,我看着他们的东西好。"孩子不假思索地说。"孩子,这个世界上好的东西有很多呢,但是不是自己的千万不能拿。"孩子慢慢认识到了自己的错误,他表示一定要改。

我让孩子把他拿的别人的东西都交给我,有铅笔、钢笔、橡皮、自动铅笔等,我惊呆了,孩子竟然拿了别人这么多东西,看来真不是一件小事情,这样下去怎么得了。为了让孩子认识到问题的严重性,我严肃地对他说:"小牛,你拿别人这么多东西,同学们知道了会怎么说呢?你觉得这样好吗?"孩子摇了摇头。我进一步教育他:"老师相信你应该不想做这样的人,你看,你对老师也很有礼貌,老师相信你以后一定会改掉拿别人东西的毛病的。"

我想,对这个孩子的教育,不是老师单方面就能改变的,为了彻底让孩子改掉随便拿别人东西的坏毛病,我又跟孩子的家长沟通。孩子的家长说:"我们看到这些东西了,但是孩子说是用自己的橡皮、铅笔、中性笔和同学交换来的。"

看到家长这么粗心,还一味地相信自己的孩子,我想,家长还没认识到问题的严重性,我有责任提醒他。于是,我向家长询问:"你们有没有细细地问一下孩子,具体是用什么东西换的,又是向谁换来的呢?"家长听了我的话摇了摇头,说:"我们没有想这么多,也没有问,我以为他说换就换了。"

看来,问题就出在这里,孩子之所以明目张胆地在孩子的眼皮子底下拿别人的东西,主要还是家长对孩子关注不够,教育不到位的缘故。我苦口婆心地说:"你们以后对孩子的事情最好上心一些,要注重孩子行为习惯的培养。现在,孩子年龄小看到别人东西随便拿过来,但是随着孩子的年龄的增长,养成了坏习惯就不好改了,随着拿的东西的价值增高,那性质可是就完全不同了。"听了我真挚的话语,家长也认识到自己的问题,他们诚恳地说:"老师,今后,我们一定要加强对孩子的管教,不能太大意了。幸亏老师发现得及时,并让我们也能够发现孩子的问题和自身的问题,不然后果真的不堪设想。"

我又和家长商量好,孩子这么小,我们不能让其他同学认为孩子是偷别人的东西的人,我们应该给孩子一个改过的机会。我让家长陪着孩子趁下午放学的时间把孩子拿的别人的东西悄悄放回远处,把所有的东西都物归原主。家长真诚地向我表示感谢:"老师,非常感谢您,您想得真周到,既对孩子进行了耐心的教育,又真心能保护了孩子的自尊心。"

后来,我经常引导小牛要正确使用学习用具,管理好自己的物品,尽力不去借别人的东西,万一用的话,一定要得到别人的允许,小牛很乐意地接受了我的意见。为了进一步让小牛彻底改掉拿别人东西的习惯,我还把班级的钥匙交给小牛负责,我告诉他,老师相信他能保护好班级的所有物品。对于我的这一做法,小牛一开始感到非常意外,但是,紧接着,孩子一脸高兴地答应了,他信誓旦旦地向我保证一定要保护好班级内所有的物品。通过这件事,孩子的自尊心进一步得到尊重,孩子越来越开心了,也越来越自信了,他的成绩也有了很大的进步,彻底改掉了拿别人东西的毛病。

小学生有时候看到别人的东西好想据为己有,也是在所难免的,我们不能简单地认为孩子这是在偷别人的东西,更不能认定这个孩子就是小偷。作为班主任,我们要正确面对孩子拿别人的东西的问题,及时给予孩子合理的教育、引导,帮助孩子改掉毛病,养成良好的行为习惯。学生就像小树苗一样,需要教师耐心呵护,精心培育,教师要在孩子的心中洒满爱的阳光,他们才能朝着我们心中期待的目标,努力前行、茁壮成长。

用心浇灌　收获幸福

家长切勿随意给孩子增加作业

现在的家长大多都望子成龙、望女成凤,他们为了让孩子能够在各种考试中胜出,总是通过给孩子增加大量作业的方式来提高孩子的成绩。据我观察,这些被家长增加太多作业的学生,他们的成绩不但没有提高,反而不断下降。或者是他们的成绩暂时有所提高,但是,孩子会逐渐失去学习的兴趣,最终也难以提高学习成绩,为什么会出现这种情况呢？经过我的观察与了解,大致原因如下：

一是有些家长给孩子所加作业并非所学内容,造成学生负担过重。这些家长给孩子加的作业往往是另行一套,没有根据孩子的学习进度,也没有根据孩子学习的弱点来布置相应的作业,这样不但不利于孩子对知识的巩固,反而给孩子增加了额外的负担。学生往往很反感家长这样的做法,但是他们又迫于家长的压力,不得不去做这些作业。因此,他们就会带着情绪去完成家长布置的作业,结果可想而知,还不如不加作业的学生学习效果较好。

在我任教的一年级的班上,有这样一位可爱的小女孩,她活泼可爱,能歌善舞,学习成绩也不错。但是,后来她在课堂上逐渐变得爱说话,爱转脸儿,精力总是不够集中。在每次检测的时候,我发现她总是想转脸儿看别人的试卷,一副不自信的样子。看她的样子是很想得到一个满意的成绩。后来我跟她的妈妈沟通,了解到她的妈妈非常想让孩子取得双百的好成绩,所以经常给孩子额外加作业。孩子晚上除了练琴就是写作业,基本上就没有休息的时间。我了解到这些情况后,就耐心地跟家长分析孩子的情况:孩子毕竟年龄还小,她的精力是有限的,她在家里学习任务太重,又要上各种特长班,那他在课堂上精力就难以集中,学习成绩自然会受到影响。如果家长不清楚其中的原因,还要一味地通过加作业给孩子要成绩,对孩子来说的确太难了。孩子为了达到家长的要求,只能抄别人的了,这不是适得其反吗?经过我跟家长沟通,家长也认识到问题,决定不再私自给孩子加作业了。后来,孩子上课的精力比原来集中多了,效率也提高了很多,期末检测时,孩子的成绩也取得了明显的进步。

  二是有的家长不顾孩子的接受能力给孩子大量加作业。如果家长不顾孩子的接受能力给孩子大量加作业,反而会造成孩子的逆反心理。有的学生对于每天课堂学习的知识掌握起来比较困难,他们在做老师布置的作业时存在一定的难度,但是家长却不顾实际情况,不去帮孩子解决真正学习上的困难,还要强行给孩子加作业。这样就给孩子造成了更大的压力,不管是作业方面的,还是心理方面的。久而久之,孩子就会变得对学习失去兴趣,上课不认真听讲,连老师的作业也不认真完成,最终导致孩子在学习上更缺乏自信,学习成绩不但没有进步反而退步不少。

  比如,有这样一个学生,他平时不爱说话,不爱活动,上课总是一副无精打采的样子。我多次和他的家长沟通孩子的情况,他的家长也只是说回去注意,可是孩子的情况却不见什么起色。时间长了,我以为是因为孩子年龄小、接受慢的原因,我只能慢慢对孩子进行教育。期末检测结果出来后,孩子的成绩仍然不够理想,我又耐心和孩子的家长沟通,想和家长讨论一下孩子下一步的学习计划问题,没想到家长了解情况后却伤心地哭了起来。她边哭边说:"孩子考这样的成绩真让我感到太意外了,他对不起我给他买的近100张卷子。"听了孩子的妈妈说的这个数字我感到特别吃惊,虽然她可能有些夸张,但是对于一年级的小孩子来说,家长竟然给他做那么多卷子,真让人感到不可思议。但是家长认识不到,她这样做不但不会帮到孩子,反而会害了孩子的。于是,我耐心给家长说:"一年级是培养孩子良好习惯的时

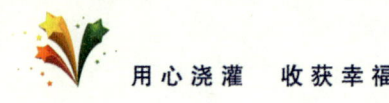

候,要让孩子养成上课认真听讲、认真思考的好习惯。在学习上我们要注重多激发孩子的学习兴趣,家长要注意让孩子休息好,注意劳逸结合。你给孩子加这么多作业,孩子哪里还有玩耍的时间,孩子不是太累了吗?这样直接会影响他第二天听课的效果,时间长了,他对学习还能有兴趣吗?"家长听了我的话委屈地说:"我以为只要给他多做卷子,练得多了,他就会了。"听了家长的话,我又耐心和家长沟通:"孩子的学习不是多做卷子就能提高成绩的,要想提高孩子的成绩,必须调动孩子学习的积极性,要改变做法,由要孩子学变为孩子要学才能取得最佳的效果。"听了我的话,孩子的家长终于同意转变做法试试。

后来,孩子的家长不再随意给孩子增加作业了,孩子没那么累了,自然也变得越来越开朗活泼了。他上课听讲越来越认真了,作业也能高质量地完成,成绩也提高了许多。

家长随意给孩子增加作业往往会起到相反的效果,的确是没有必要的。教师要及时了解情况,积极与家长进行及时沟通,商讨适合孩子的教育方法。教师要让家长认识到,提高孩子的学习成绩不在于加作业,而提高孩子的学习兴趣,培养孩子良好的学习习惯,才是重中之重。

第七章 提升专业素养

　　班主任在做好班级管理工作的同时，要注重提升自身的专业素养，增强班级管理能力、学科教学能力、班级文化建设能力等，这样才能促进学生知识的掌握以及能力的提升，这是做好班主任工作的立身之本。所以，班主任要积极学习专业理论知识，并向有经验的教师学习。班主任还要与时俱进，积极学习先进的教育教学理念，做一名现代意义上的合格的班主任。

用心浇灌　收获幸福

学习名师智慧　提高教育水平
——参加全国中小学班主任工作研讨会心得

2012年3月24至28日,我有幸和其他班主任老师一起在学校领导的带领下,参加了由中国教育服务中心教育发展事业部主办的全国中小学班主任工作高级研讨会。这是一次难得的班主任学习交流的机会,我特别珍惜这次学习机会,专心听专家的报告,认真做好记录,积极结合自己的教育实践参与讨论。

我们听了很多非常有名望的教育专家的报告——马兰霞老师的《研究教育案例提升实践智慧》;黄静华老师的《用心去爱每一个学生》;陈宇老师的《班级制度的作用与特点》;李莉老师的《用爱和责任引领学生健康成长》;卢家楣教授的《以情优德,提高学校德育工作的艺术性》,等等。我们还实地观摩了上海向阳小学,听了洪雨露校长做的《玩的教育》的报告;同时实地观摩了上海晋元中学两节精彩的主题教育课,听了丁如许老师的《打造魅力班会课》的讲座,学习到了新的班主任管理的理念,知道了如何通过研究教育案例提升实践智慧,懂得了如何科学地开展学生的心理健康辅导,明晰了班会主题教育活动的设计与组织,积累了班级管理的许多妙招。

学习虽然忙碌而短暂,但我的内心却充盈着沉甸甸的收获,我深深地体会到作为一名班主任是那样幸福!这次学习使我越来越热爱我这份平凡琐碎的工作,更增强了我做好班主任工作的信心和勇气!

班主任心中要溢满爱

我在此次学习中最大的感受是每位给我们做报告的老师都有一颗对学生的爱心,所以他们的班主任工作才做得有声有色。黄静华老师引用夏丏尊的话:"教育上的水是什么? 就是情,就是爱。教育没有了情爱,就成了无水的池,任你四方形也罢,圆形也罢,总逃不了一个空虚。"可见"爱"在教育工作中的重要性。黄老师年岁已高,屡经生活的磨砺,但她一直把自己的班主任工作放在第一位,她把转变一位学生看得比什么都重要,是呀,她的一次次努力改变的是学生一生的命运,更是一个家庭的未来。

反思自己以前的班主任工作,总以为对学生够爱了。学生犯了错误,为了让他改正错误,我对他宽容一次,觉得是爱;学生有了情绪波动,我能找他谈一次心,觉得是爱;甚至有时候学生迟到了,我没批评他,也觉得是爱。总是想当然地觉得自己是爱学生的,怎么做都是为了学生好。可是听了黄老师的报告后,我如梦初醒,班主任的爱一定要是学生需要的爱,这才是真正的爱。

回到班级管理工作中后,我也尝试着像黄老师一样进行换位思考:"假如我是孩子","假如是我的孩子"。我要切实用自己的真"心"认真、执着、民主地去爱,我学会了俯下身来充满关爱地抚摸一下学生的脑袋,我学会了用充满关爱的眼神给学生一个个赞赏的暗示,我更学会了遇事先冷静下来给学生一次改过的机会。结果真是像黄老师说的那样,换位思考后,我再看我的学生,心中的爱便不是虚无缥缈的了,而是一份真实的、沉甸甸的、由内而外的爱了。我真正感受到学生个个都是那么可爱,哪怕是他们犯了错误的时候。我由衷地感到高兴——我正努力用真情创设积极向上的班级氛围,我正用热情激发学生的创造潜能。我相信孩子们一定会在我的带领下充满自信地一步步健康成长! 尤其是当学生犯了错误时,我不再像以往一样采取简单的训斥、制止式的教育,而是换位思考,先站在学生的角度想问题,他们的错误也许真的情有可原,他们的思想也的确值得引起我们成年人的高度重视。

由此可见,在今后的教育教学工作中,我一定以"假如我是学生"的情感去体验孩子的内心世界,以童心去理解他们的"荒唐",宽容他们的"过失"。爱学生所爱,想学生所想,忧学生所忧,用我们的爱心去创设宽松和谐的氛围,唤起学生的主体意识,启迪学生的良知,让他们认识到什么是良好的品德行为,为他们学会做人奠定道德基石。

爱是教育的灵魂,爱是塑造美好心灵的力量。只有注入了爱才能引起学生的共鸣,才能走近学生的心灵,才能成为学生的良师益友,才能培养出更多的具有爱心的全面发展的学生。

开好主题教育班会

主题班会课是班主任对学生进行教育的有效方式,也是与学生沟通交流的平台。我们学校很重视班会课,每周一节。但说心里话,我以前对班会课存在着一定的认识上的误区,觉得班会课无非是处理一下一周来班里出现的琐琐碎碎的问题,有时甚至把班会课当成了对调皮学生的训斥课,或者是发现问题之后的纠正课。实在没有问题可处理的时候往往会把班会课挪作他用,认为这样可以争分夺秒,提高学生学习的成绩。在晋元中学附属学校观摩了两节精彩的班会课,并且听了丁如许老师的报告后,我茅塞顿开,原来班会课有这么多可以开发利用的教育资源,起着这么多方面的教育作用,班会课原来可以这样上……

丁老师认为,常态的班会课可以分为三种:班级会议、班级活动和主题教育课。我们观摩的是两节主题教育课。

怒江中学李燕执教"别说不可能"主题教育课。这节课针对普通班同学在学习生活中遇到困难时常说"这件事不可能"的实际,通过半人演说家约翰·库缇斯、感动中国人物孟佩杰、飞人刘翔再夺金牌的故事,指出人要有积极进取的精神,要有努力奋斗的实践,要有科学探求的方法。结合这些典型事例,再结合学生生活中常见问题,李老师鼓励学生要把"不可能"变成"可能"。同学们也交流了生活中将"不可能"变为"可能"的感悟。班会课最后在集体朗诵诗《生活告诉我们》中推向高潮。

长征中心小学侯红梅老师的课则选取新颖的理财话题,她从猜谜导入,首先讲述双胞胎兄弟的消费故事,并进行了讨论,使同学认识到理财要处理好"喜欢"和"需要"的关系。然后观看视频《文具花哨如玩具》《压岁钱该怎么花》,接着进行了讨论,使同学认识到理财要处理好"冲动"和"计划"的关系。最后通过"这样挣零花钱可以吗"这个环节,使同学们认识到理财要处理好"挣钱"和"感恩"的关系。短短的35分钟,高潮迭起,帮助学生树立了正确的理财观念,掌握了基本的理财技能和方法。

观摩了这两节班会课后,我感受颇深,像这样的主题教育课内容丰富,形式活泼,深入浅出,学生在潜移默化中受到了教育,比老师空洞的说教更能触动学生的心灵。

要想取得良好的教育效果,我们就要针对学生的情况挖掘主题教育材料。比如,学生缺乏文明礼貌,我们可以以"文明礼貌"为专题开主题教育班会;学生纪律懒散,我们可以以"遵纪守法"为专题开展主题教育活动。当然,老师还需要开阔思维,大量收集资料,我们设计的活动也应该生动活泼,符合学生的年龄特点,并以学生喜闻乐见的形式呈现,力求把班会课开得扎实有效。

总之,主题班会课应以深刻的立意影响学生,以新奇的形式吸引学生,以丰富的情感打动学生,以巧妙的方式激励学生。相信学生会在这些形式多样的班会课中潜移默化地受到教育,寓教于乐。

做教学生会玩的班主任

我们在上海向阳小学的所见所闻耳目一新,洪雨露校长为我们作了热情洋溢的有关"玩的教育"的报告,着实让我眼前一亮。原来玩也是一门很深的学问,也需要班主任对学生进行指导、教育。

在向阳小学门口我们通过询问家长了解到,在上海市徐汇区,向阳小学是一所广受家长推崇的学校。不少家长坦言,该校最吸引自己的,是没有学业负担。洪雨露校长说,在"快乐教育""好玩教育"理念的引领下,该校学生有了更多做游戏的时间和空间,学校也想尽各种办法鼓励学生玩,通过"玩中学"实现学生的全面发展和创新培养。是呀,在课间十分钟走进向阳小学,你一定会被操场上尽情嬉戏的孩子所吸引。虽然操场面积不足三亩,但学生们玩得非常尽兴。他们有的挤在篮筐下投球;有的几人一组,开展足球比赛;还有的人玩"老鹰捉小鸡",在操场上奔跑、喊叫,摔倒了像没事人一样立刻爬起来继续玩。向阳小学的学生,无论在操场还是在教室,展现在你面前的个个都是精神抖擞,一脸阳光,充满朝气。而校长洪雨露却说学生"不太会玩""想不出玩的好点子",他发动全校师生,开发会玩的金点子,还在全校召开"关于玩什么项目"的招标会。他主张把玩的时间还给孩子,还发出了"让学生到操场上去,到阳光中去,让学生到大自然中去"的口号,让孩子们有时间去异想天开,这样才能真正培养学生的创新能力。

曾经以为"玩"对于班主任老师来说是最忌讳的,我们总是嫌我们的孩子不够刻苦,甚至以为孩子是因为太贪玩才导致学习成绩差。可是听了洪雨露校长的精彩报告后,我有了更多更新的想法,我们要让学生玩,让学生学会玩,更应该多想一想学生玩什么样的游戏更有利、更健康,要改变过去那种为了保证学生的安全而不让学生跑跳的一味限制的方法,让学生学会有意义地玩,并在玩中培养学生遵守规则的能力。我们更要把课间 10 分钟留给学生,绝不拖堂,课下老师尽量参与到学生的游戏中去,这样既能让学生体会到玩的快乐,又能拉近师生之间的距离。当班主任真正与学生融为一体时,才算有了领头雁的资格。其实教得好和玩得好紧密相关。

相信会玩的孩子也会学习,他们中间可能会出一些创新人才,会有一些发明创造。同时,我还要结合小学生的年龄特点,找出适宜小学生的游戏,让学生快乐起来,有了高效的"玩"才会有高效的学习,才会最终促进学生全面发展。

　　作为班主任,我将更努力、更扎实地立足自己这个平凡的岗位,以这次培训为契机,确立起符合时代要求的教育观念,发挥自己的聪明才智,争取在今后的班主任工作中不断学习先进经验,积极深入探索,善于总结反思,力求不断提高自己的班级管理水平,努力成为一名更加优秀的班主任。

用心浇灌　收获幸福

聆听名师指点　促进专业成长

每一次研修,对我来说都是一场心灵的洗礼。2017年12月1日至9日,济宁市第四届特级教师高级研修学习会让我受益匪浅。我非常感谢济宁教科院为我们提供的这次研修培训,也格外珍惜这次难得的学习机会。济宁市教育局刘局长的动员讲话让我提高了对研修提升专业成长的重要性的认识。各位专家教授、一线名师的学术报告或个人成长故事,让我对教育教学最新理念有了更深刻的认识,指引我在专业成长的道路上扬帆远航。

一是做一个不断学习的老师。俗话说:"学然后知不足。"通过一周多的学习,我深深地感受到自己掌握知识的不足,阅读量以及阅读面的欠缺。下一步,我要努力做一个不断学习的教师,多读书,提高课堂教学效率,提升自己的教学水平。还要做一个爱思考的老师,并且努力找到解决问题办法,来不断改进自己的教育教学。比如,目前大家对我们的语文课堂都不太满意,一堂语文课下来,教师累、学生累,但是学生的学习效率并不高,作为小学语文老师,我要结合学习的理论和名师的做法反思自己的课堂教学,不断尝试,积极找到解决问题的办法。

二是做一个真正爱学生的老师。朱建廉教授的报告在我们学员中引起了巨大的反响,我们不仅为朱老师的博学多才所折服,更为朱老师的真诚所感动。朱老师用他那慈祥的眼睛和我们每一位学员进行心与心的交流,他的语言如春风化雨般融进我们的心田,他那恰到好处的动作如艺术家的表演那样牢牢地抓住了我们学员的注意力。一个下午,朱老师始终是那样亲切、那样自然、那样抑扬顿挫。听着朱老师的讲座,此时,我真愿意变成一位高中生,走进朱老师的课堂,那该是怎样的一种享受啊。我从心里不断问自己,我为什么不能做像朱老师一样的教师呢?我的差距在哪里呢?今天,我终于找到了答案,那就是要从心里真正爱学生。平时我们也说爱学生,但是,在日常和学生的沟通交流中,我感觉还没有把自己和学生的关系拉到最近,尤其是当学生犯了错误时,我并没有做到设身处地地为学生着想。朱老师的讲课,让我深深发现了自己的不足,这也正是我要努力的方向。

三是做一个科学关爱学生的老师。做一个关爱学生的老师,说起来容易,做起来难,这不仅需要我们有一颗热爱学生的心,更需要我们掌握科学的方法,这一点在12月5日上午听了东南大学杨元魁教授的讲座后认识更加深刻。杨教授谈到有关"学生注意力不集中"的问题时,他强调,孩子注意力不集中,不一定就是多动症,多动症要符合三方面的特点,分别是注意力不集中、过度活跃、歇斯底里行为。而学生一般的注意力不集中则是由鼻炎引起的,学生如果犯有鼻炎往往会出现脑缺氧,他们会有不同的表现状态。一种情况是有的孩子会不停地动,原因是他们自己控制不了自己的身体,对于孩子而言,呼吸道就是生命,因此,有的孩子表面看是不遵守纪律、乱打人,实际是自己控制不了自己;另外一种情况是有的孩子会表现得没精神,上课无精打采。听了杨教授的讲座,结合我班两位同学的情况,下一步我在教育孩子时就会更加科学、更加有针对性。比如,我将改变原来对孩子只是一味说服教育的方法,更加关注孩子的身体,还会利用课间让孩子多做有氧运动,提高他们大脑的供氧量,增强学生的身体素质,改变他们精神面貌,为孩子今后的健康发展打下扎实的基础。

四是做一个精益求精的老师。在日常的教学中,我们往往容易满足于自己取得的点滴成绩,对于自己的教育教学总是浅尝辄止,而不能够更进一步深入思考。听了朱建廉教授的讲座,我深深地感受到,做一个精益求精的老师有多么重要。朱教授谈到自己当年在备课以及课堂上很是下了一番功夫的,在备课上,当别人用了一两本备课本时,他却用了20多本,可见朱教授在课前的备课是多么精细。在讲课方面,朱教授更是精益求精,首先朱教授将自己的课按照不同的类型录了4节完整的课,然后一遍遍地听,一遍遍地记,找出自己在讲课中存在的各种问题,可见朱老师在课堂教学中下足了功夫。如果作为一名教师能够对自己的课堂教学做到这样精益求精,又怎会不取得好的教学效果呢?

五是做一个关注学生心灵的老师。在我们平时的工作中总会遇到不同类型的学生,有些学生的做法确实很让老师头疼,通过听苏华老师的报告,我深深地认识到,关注学生心灵的教育才是真正的教育。尤其是苏老师给我们讲的"先跟后带"的教育方法让我很受启发。比如,当孩子犯错时,我们不能一味地批评指责学生,要讲究先跟后带。苏老师举了一个例子,当一个学生非常想去一个地方,而那个地方又非常的危险,作为老师怎样先跟后带呢?我们可以问一下这位学生:"你特别想去这个地方,是为什么呢?老师很好奇,你能不能给老师说一说你的想法?"学生在老师的引导下,可能会说出他的理由,但是,事情到此并没有完,我们还要进行带,我们可以这么说:"你说的有道理,但是老师发现那边存在一定的危险,如果你去另一边可能会更好,你要不要考虑一下呢?"这样说的优点是,老师设身处地地站在学生的角度考虑,不指责,不批评,这样能够从学生的行为中找出其背后的动机,更利于对学生的教育。

在各位专家的引领下,我的确收获满满,今后,我将在研修的道路上继续前行,并学以致用,逐步提升自己的专业素养,争取在下一步的教育教学工作中再创佳绩!

明确目标定位　致力专业发展
——个人三年成长工作总结

教师在个人成长中目标定位明确,就会有成长的动力,所以我认真制定了市级特级教师三年专业发展规划以及每年的专业发展计划。目标制定后,我严格按照计划认真落实,做好每年度的个人专业发展详细记录,及时总结经验教训。通过三年的努力,我在专业发展的路上收获很多,促进了自身的专业成长,提升了教育教学水平。

思想认识、教学理念全面提高

"合格的老师首先应该是道德上的合格者,好老师首先应该是以德施教、以德立身的楷模。"这是习近平总书记在2014年9月9日同北京师范大学师生代表座谈时的讲话要求。的确,作为教师,首先要牢固树立自己的政治信仰,才能培养合格的人才。我在政治上始终坚持同以习近平同志为核心的党中央保持高度一致,明晰教师职业荣辱观,与时俱进,爱岗敬业,为人师表,热爱学生,尊重学生,努力做一名新时代下的新理念教师。

学习教育教学理念,促进教育教学水平的提升。我积极学习最新的教育教学理念,尊重学生的人格,尊重学生的认知水平,优化语文课堂教学,减轻学生课业负担,从注重表演的传授者变为共同构建学习的参与者,力求备好每一节课,上好每一堂课,教育好每一位学生。同时积极借鉴情景教学、启发式教学等方法,转变身份,创设良好的学习氛围,创建平等、和谐的师生关系,让学生能够自由表达、自主探究,始终给学生一个充满乐趣和探究趣味的课堂,逐步形成了"风趣、创新"的教学风格,充分调动了学生学习的积极性,极大地激发了学生内在潜能,提高了课堂效率,受到师生、家长及领导的赞誉。

注重以"爱"为基石,关心爱护每一位学生。作为一名语文教师兼班主任,我始终注重以"爱"为基石,关心爱护每一位学生。尤其是对于学困生,力求找准切入点努力转化他们,根据学生情况分析落后原因,针对不同原因采取有效策略。正像安奈特在《给教师的101条建议》中所说的那样,"一个人的确可以改变一切,而你就是这个人"。我始终不放弃任何一个学生,力争让每一位学生都变得更加优秀,帮助他们描绘出绚丽多彩的人生篇章!

教育教学工作扎实推进

教师的本职工作是教师专业成长的最佳平台。我自评为特级教师以来,以身作则,积极带头做好教育教学工作。我一直担任《语文》《传统文化》《健康教育》《开心阅读社团》等教学工作,并担任班主任工作,虽然教育教学工作任务繁重,但是,三年来,我在校内外听评课总数达一百一十多节,并指导青年教师提升教育教学水平,还参加了各级各类教学比赛活动。同时,不断实践、不断探索,在教育教学工作中也取得了较好的成绩,被评为济宁市新任教师岗位适应性远程培训项目优秀辅导教师、济宁市优秀班主任、济宁市教育科研工作先进个人,并荣获济宁市"一师一优课、一课一名师"活动"优课",以及书香曲阜全民读书暨"我喜爱的儒家经典"主题征文活动优秀教师辅导奖,所带的班级也在曲阜市"青春阅读,书香润德"阅读系列活动中荣获"优秀阅读班级一等奖"。

教学研究能力得到提升

好教师要做一个思考型、研究型的教师。有了深思才会有改革、有调整、有实践、有反馈、有总结、有提升,教育才能不断地向前发展。因此,我在教育教学中不断思考,始终以教科研引领自身的专业发展。三年来,我撰写的多篇教育教学心得,如《指导学生写好钢笔字的几点思考》《小学中段班主任工作之我见》《优化语文课堂教学 减轻学生课业负担》等多篇论文在省级刊物发表;参与编写的《历代家训、童蒙、学约中的孝亲敬老资料辑释》一书在光明日报出版社出版;在各级专家的指引下,我还积极带领语文教师投身于语文课堂教学研究,主持的济宁市级课题《优化语文课堂教学,减轻学生过重负担研究》经过三年的研究,成果显著,被济宁市教育科学规划领导小组办公室批准结题。

带头引领作用充分发挥

在不断提升自身能力的前提下,我积极发挥特级教师的带头引领作用,参加了各级公开课、示范课、督导课、家长开放课、送课下乡等教学活动,并在全市、乡镇、幼儿园等讲座,积极将自己的课堂教学研究成果进行广泛宣传,并和同行进行切磋,力求更大的提高。我还多次执教市公开课,参加送课下乡活动,研究成果《优化语文课堂教学,减轻学生过重负担研究》得到进一步推广,受到广泛好评,扩大了自身及学校社会影响力。

一直走在成长的路上

不断学习,能进一步拓展自己的专业视野,提升自己的教育教学水平,进一步增强自己的教科研的能力。我始终积极参与学校、各级教育部门组织的研修培训活动。在山东省远程研修培训活动中成绩优异,尤其是特级教师高级研修学习,更是提升了我的自身修养、促进了教育教学专业成长,并使我努力将所学知识运用于教育教学中,扎实开展校本课程研究,培养学生兴趣,启迪学生智慧,促进学生的综合性发展、全面提高。

  特级教师三年的专业成长,对于我来说,提升是各方面的。我的成长更离不开与我朝夕相处的孩子们,我对孩子们越上心,我越关注孩子们的成长,我在教育教学的路上越收获满满。当然,我还有很多的缺点和不足,比如,自身学习意识还不够强,对外交流还不够积极主动。在今后的教育教学工作中,我会更加勤奋,力求进一步提高自身的师德修养、专业素养,在教育教学的路上砥砺前行。

研修促进成长　谱教育新篇章

　　研修,为我们教师的教育专业成长注入了新鲜的血液。我有幸参加了在上海大学举行的济宁市第五届杏坛名师研修班,进行了为期一周的系统学习。济宁教科院和高校非常精心地为我们量身打造了课程,我们参加研修学习的学员也格外珍惜这次研修机会,经过一周紧张丰富多彩的学习,我们每位学员都是收获颇丰,触动很大。尤其是在上海市人大外事委主任、市教委副主任、博士生导师高德毅等九位专家学者的谆谆教诲下,我既提升了专业素养,又提高了自身素质;既学到了专家们教书育人的秘诀,又总结提升了自己的教学方法。通过学习,我对教育事业的理解,对自身专业水准的要求,对如何与家长沟通等都有了更清晰的认识,我力求将以下几点作为突破口,以期更好地成长,更有力地促进自己的教育教学工作。

做一个热爱教育事业的教师

　　教育家马卡连柯曾说:"教师的威信首先建立在责任心上。"这就要教师首先要热爱自己的教育事业,这不是一句简单的口号,而是一位优秀教师对于自身的承诺,更是专业成长的基础。

　　通过研修,我认识到在下一步的工作中,我要更加热爱我的教育教学工作,以积极的心态鼓励每一个孩子,爱学生,尊重学生,让学生信服,让学生乐学。对学生要避免一味地责怪,学生犯了错可以耐心给学生指出来,给学生留足改正的时间,期待学生的进步,相信学生也会逐步理解老师的辛苦。热爱自己的教育事业,其实也是热爱自己的生命。职业生涯就是生命周期,它构成了教师全部生命历程中的重要阶段,与教师的育人相对应,教师职业生涯的发展可看作是教师育己的过程,而这又决定了教师的教育质量和自己的生命质量。职业生涯一般是指一个个体的行为历程,是一个人一生的职业经历和历程,这是一个动态和发展的概念。职业生涯发展是指个体逐步实现其职业生涯目标,并且不断制定和实施新目标的过程。这就需要明确自己想成为一个怎样的教师,要树立目标,不能盲目,在教书育人、育人育己的过程教学相长,走向最好的自己。

作为教师还要与时俱进,规划自己的教育事业发展目标,规划完成后要有连续性,一定要在发展中不断学习、不断成长,做一名真正的优秀教师。

做尊重学生发展规律的教师

了解一滴海水,就是了解大海的前奏;了解一个孩子,就是了解生命的前奏。在今天,如何发展素质教育,是每位教师需要思考的问题,更是每位教师的重要任务。

会上专家多次提到,大学不能没有社团。社团能激发学生的积极性、主动性,中小学也一样。听了专家的讲座,我想,在今后的语文教学中,我可以在班级设置不同的社团,比如文学社,引导学生以不同的作家、不同的题材为一个个小的点成立不同的社团,形式也可以多样,可以背诵、办手抄报、演话剧、演讲等。这样就会逐步做到以学生为本,以阅读为准,不断丰富学生的语文素养,全面提高学生的语文能力。这样坚持久了,学生的思想就会插上想象的翅膀,自由飞翔,语文学习能力自然就会逐步提高,那老师还用愁学生学不好语文吗?随后进一步进行学科渗透,发展学生的不同能力,开阔学生的视野。

做乐于潜心研究的教师

叶澜教授说:"一个教师写一辈子教案不一定成为名师,如果一个教师写三年的反思有可能成为名师。"听了专家的讲座,我更深刻地认识到,作为一名名师,一定要走科研发展的道路,在申报课题方面要有领先意识、有新意、有创意,更重要的是要找到研究的问题点,通过解决教学中的小问题来促进自己的教学。

比如,作为班主任,我们经常面临接新班的问题,每次接新班,班主任都会感到很难适应,因为一方面学生不适应老师,对老师有所排斥;另一方面,老师也不适应学生,因为学生作为一个整体,有了班级的固定的风气、习惯。怎样达到师生尽快互相适应呢?这可以作为一个问题点。要针对每位同学的个性成长,做有针对性的研究,逐步深入,想对策、找方法,从而让老师学生都能够在和谐的氛围中相互成长。再比如小学高年级学生的准青春期教育的问题、个别学生不自信的问题等,只要抓住一个问题点,就可以打开学生成长教育的核心问题,促进学生的进步,从而促进学生的健康成长!作为教师,在自身有针对性的研究中也会不断思考,不断取得教育教学的进步,达到教学相长。

当然,我们在根据教育发展趋势找到结合点后,还要明确课题内容、研究方法、研究步骤,并进行科学假设,做有预见性的推测,逐步在实践中反思,以实践带动教学。这样的研究才有意义,才能更好地促进教学,提高学生的学习效率。

作为杏坛名师,我一定以此为新的起点,不断突破自己,不断超越昨天,在培养学生的能力与素养方面,在引领年轻教师不断成长方面,以及在学校的各项工作等方面不断努力,为自己选择的教育事业做出自己更大的贡献。

以兴趣为基础 扎实推进校本课程建设
——济宁市小学校本课程课堂教学观摩研讨会学习心得

2016年10月11日、12日,我参加了在济宁实验小学举行的济宁市小学校本课程课堂教学观摩研讨会。本次研讨会的主要目的是进行小学校本课程课堂教学观摩,进一步加强全市小学校本课程建设,提高学校和教师的课程研究、开发和管理能力,促进学生的个性发展和学校办学特色的形成。

我们听了两节校本课程观摩课,课上有实验小学周老师执教的《魅力实小》和霍家街小学李老师执教的《乘着歌声的翅膀》,以及教导主任的点评;另外还有各县市区的教学经验交流以及孙校长做的专家报告。从听课及报告的情况我体会到:校本课程的开发一定要从学生的兴趣入手,开设校本课程前,老师们首先要进行广泛的调查,找到学生的兴趣点,这样的校本课程才有扎实的学生基础,课程的开展才能充满活力。

比如,从李老师执教的《乘着歌声的翅膀》课堂中,我更感受到了兴趣的重要性。本节课的目标是练习同学们的合唱能力,李老师整堂课是以故事的形式贯穿始终,故事对于低年级的同学本身具有很强的吸引力,况且李老师的故事不是形式,而是将故事融于整堂课的教学之中,尤其是将教学重点难点以故事的形式进行表现,不留痕迹,取得了很好的教学效果。当学生唱好一个声部时,老师为了引导学生唱好另一个声部,巧妙地引导学生:"这时从草丛中又跑来一只小猫,咱们如何用歌声来表示一前一后的状态呢?"学生自然明白了声部的一高一低,接着学生在老师的教唱下饶有兴趣地唱起来。这堂课,学生的学习兴趣盎然,听课的老师也给予更多的好评。

校本课程的开展切忌虎头蛇尾,实验教师要脚踏实地、有条不紊地开展课程,要一步一个脚印,根据课程的进度不断前行。长此以往,教师开发校本课程的能力将会大大提高,参加校本课程的孩子也将拓展知识、开阔视野、启迪智慧。

给我印象最深刻的是金乡县实验小学的校长所做的报告《创设校本课程,弘扬传统文化教育》。从报告中,我深刻地体会到校本课程扎扎实实开展的重要性。她们开发的校本课程是《传统文化中的京剧》,从调动学生的积极性开始,广泛宣传发动,然后采用走出去、请进来的方式为学生提供高质量的学习资源,接下来是各种形式的训练、比赛等,通过这样扎实的开展,金乡县实验小学的校本课程结出了丰硕的果实,他们的学生在全国校园京剧个人和集体的比赛中均获得了可喜的成绩,学生真正爱上了京剧,京剧这种传统文化在学校也得以传承和弘扬。

济宁市教科院关院长强调,校本课程的开展要注重过程,发动全体教师参与,保证课时,抓住机遇,深化课程理念,提高学生素质。可见,校本课程的开展对我们教师提出了新的更高的要求,这是挑战也是机遇,下一步,我们将把会议的精神带到学校,并且将自己所担任的校本课程扎扎实实开展好,力求让每个孩子在参加校本课程的过程中能够培养兴趣、启迪智慧,促进学生的综合性发展,也为学校课程的开发进一步积累经验。

用心浇灌　收获幸福

培训指导　教学相长

新任教师培训对于新上岗的教师来说非常重要,能够帮助教师快速胜任教育教学工作。能够担任新任教师培训的指导教师是荣幸的,这不仅是责任,更是学习提高的机会。2015年10月至2016年3月,济宁市进行了新任教师远程研修培训,我作为指导老师参与了本次新任教师远程研修工作,经过几个月的工作与学习,我收获颇丰。在此,我感谢上级领导对我的信任,给我这样一个参与学习交流的平台。

通过参与指导,我认识到对新教师岗位快速适应的需求的迫切性,也深感传帮带工作的重要性。新任教师远程研修促进了新教师在初级阶段的成长问题,也能促进老教师在与新教师的交流中继续成长。

通过与新教师的交流,我欣喜地发现,刚走上工作岗位的新教师,年轻有活力,工作热情高,富有创造性。同时,我们也清楚地认识到,每一位新教师的成长、进步和成熟,都离不开其指导老师和同行们的热心帮助,更离不开专业教育教学知识的学习。培养与指导新教师,是每一个多年从事教学工作的教师的责任。针对本次指导新教师培训,我从以下几个方面谈一下自己的体会。

研修学习热情高涨

本次新任教师培训,分不同的版块不同的专题,同时也有学习时间的考量。通过深入指导本次研修培训,从新任教师的在线学习时间、学习数据的统计,以及新任教师上交的研修作业等看,我深切地感受到新任教师的学习积极性非常高。通过交流,我发现有的老师除了上课备课,工作之余的时间也都用到了研修上;有的老师对于不明白的问题及时请教讨论,直到弄明白为止;有的老师废寝忘食,将作业一遍遍修改。他们积极学习的热情也感染了我,使我在工作之余也尽量把时间用在新任教师的培训指导上,认真指导,及时发现问题,把新任教师的问题当作自己的问题,尤其是对一些新任教师的教学设计,及时加以指导,力求让每位新任教师都能从整体上把握教学的过程以及各个环节的特点,进一步激发他们的热情,从而让他们获得更大的进步。

研修作业水平高

在研修指导中,我认真批改了每一位教师的每一份作业。在从研修教师上传的作业中,我发现很多的研修教师对作业精益求精,他们的作业思考角度新颖,回答全面。尤其是教师们关于体现自我的作业,如"我心目中的好老师""我班的故事"这样的内容,不但能看出教师们对待作业的态度,更能看出新任教师对待学生、对待教师这一职业的态度。有时,看到作业中提到的心目中好老师的形象时,让我想起了我心目中好老师的标准,我也想下一步我应该如何改进自己的教学,如何改善我在学生心目中的形象;有时,看到有的教师写的"我爱我班"的故事,我也会深深地感动,让我回想起我刚教学时对所教首届学生深厚的感情,同时也让我感受到新任教师对学生的真挚的热爱,这对于当好老师是多么重要啊。比如,东老师在《有爱就有幸福 有心就有快乐》中写道:"做孤儿或单亲孩子的妈妈,做敏感孩子的知心人,做孩子成长路上的引路人。"我从东老师的字里行间感受到了东老师对孩子的关心。我被深深地感动着,也欣慰着,有这么多充满爱心的新任教师,就会有更多孩子在爱的拥抱下健康成长。

用心浇灌　收获幸福

研修态度端正

本次研修,作为指导老师,我也感受到新任教师工作的辛苦,他们大多工作繁忙,要备课上课,有的还兼任班主任工作,研修学习只能在工作之余挤时间。即使个别教师忙到有时忘了学习,有时忘了上交作业,只要指导老师提醒,他们总能挤时间补上作业,态度非常谦虚,并且心存歉意和感激。有的教师的作业不是很合乎题意,只要指出来也能及时改正。看来,举行此次研修进行有针对性的指导是十分必要的,这样能促进每一位新教师都能在教学中总结经验,发扬自己的优点,改进自己的不足。

研修工作中发现的问题

通过参与本次新任教师研修指导,我也发现了一些存在的问题:有个别新任教师对待研修的态度不是很认真,从研修的时间统计看,有的教师研修时间快结束了还停留在 200 分钟左右,说明没有及时抽出时间进行学习;有的教师的研修作业不能自己动脑筋思考来做,只是简单地从网上下载,甚至有的作业上还带着当时网页上的广告图片;有的教师上传作业不注意格式的美观性,说明对自己的学习要求不高。这些研修中存在的问题,希望新任教师们有则改之无则加勉,争取尽快成长为一名优秀的人民教师。

总之,通过参与本次新任教师远程研修培训指导,我收获颇丰,与其说是指导,不如说是互相学习,因此,十分感谢有这样一个平台能让我与新任教师互相交流学习。在这个过程中,我们交流了新教育思想,学习了新教育理念,期待研修过后,我能继续与新任老师互相交流,互相学习,促使我们共同进步!

参考文献

[1]亚米契斯.爱的教育[M].夏丏尊,译.北京:中国友谊出版公司,2016.

[2]赵威.以"导学案"推动学生"参与"语文课堂[J].考试周刊,2010(02).

[3]陆锋锋.谈小学语文教学中的语感培养[J].小学教学参考,2011(27).

[4]陈迎,吴群.关注语言文字,让人物形象活起来——飞夺泸定桥(第二课时)教学实录及评析[J].小学教学(语文版),2011(07).

[5]郭瑞民.中国的礼仪文化(古往今来话中国)[M].芜湖:安徽师范大学出版社,2012.

[6]苏霍姆林斯基.给教师的建议[M].武汉:长江文艺出版社,2010(01).

[7]任伟栋.语文早读思维浅探[J].语文教学与研究,2006(17).

[8]刘凤梅.让语文早读课飞扬起来[J].河北教育(综合版),2007(02).

[9]杨伯峻.论语译注[M].北京:中华书局股份有限公司,2010(01).

[10]郑金洲.教师如何做研究[M].上海:华东师范大学出版社,2005(10).

[11]张琦.浅谈布洛赫希望的原理[J].现代交际,2020(16).

[12]徐红英.如何有效进行家校沟通[J].甘肃教育,2018(23).

[13]杨婉敏.新时期家校合作的新探索[J].中国德育,2011(03).

[14]周雪莲,阳德华.家校合作问题探讨[J].教学与管理,2008(11).

[15]刘华善.用课程推进家校合作[J].现代教学,2006(03).

[16]刘宗南.家校合作教育的理念与思维[J].教学与管理,2010(24).

[17]吕振.家长交流沟通技巧浅析[J].基础教育参考,2012(01).

[18]韩金祥.浅谈加强学生的理想教育[J].读书文摘,2016(22).

[19]王凤梅.想象力的培养[J].语文教学与研究,2006(02).

[20]刘爱玲,胡小琪,栾德春,崔朝辉,李艳平,马冠生.我国中小学生参加家务劳动情况分析[J].中国学校卫生,2008(12).

[21]沙吉才,孙长宁.试论家务劳动[J].福建论坛(经济社会版),1997(01).

[22]刘浩然,史立平.提高教师教学研究能力的思考[J].中国校外教育,2012(21).